Dranske
Ralswiek 26
Rügen
Bergen auf Rügen
Sellin
29 Putbus
Zingst
Planitz
Barth
Neu Bartelshagen
Samtens
Garz
Saatel
Niepars
Stralsund
Velgast
Steinhagen
Richtenberg
Franzburg
Karlshagen
Zinnowitz
Tribsees
Bad Sülze
Grimmen
Greifswald
Wolgast
Bansin
Heringsdorf
Ahlbeck
30 Nehringen
32 Karlsburg
Loitz
Gützkow
Lassan
Gnoien
Tutow
Jarmen
Usedom
Świnoujście
Swinemünde
18 Dargun
Demmin
31 Neetzow
Anklam
Vorpommern
Ueckermünde
33
Neukalen
Ducherow
Kummerow
Grammentin
Malchin
19 Ivenack
Altentreptow
Ferdinandshof
Eggesin
17 Basedow
Reuterstadt Stavenhagen
Friedland
Torgelow
16 Ulrichshusen
Weitin
Neubrandenburg
Pasewalk
Marihn
Strasburg
Waren
Möllenhagen
24 Penzlin
25 Burg Stargard
Löcknitz
Woldegk
23 Hohenzieritz
22 Neustrelitz
Röbel
Penkun
Feldberg
Rechlin
Prenzlau
21 Mirow
Wesenberg
Lychen
Fürstenberg
Templin
Rheinsberg
Brandenburg
Angermünde
Gransee
Zehdenick
Joachimsthal
Neuruppin
kontur, Berlin

„As uns' Hergott de Welt erschaffen ded,

fung hei bi Meckelnborg an …

un schön is't in'n ganzen worden …"

Fritz Reuter

Schlösser und Herrenhäuser in Mecklenburg-Vorpommern

Dieter Pocher

L&H Verlag

AUTOREN

Dieter Pocher, Dr.med. et phil., geboren 1952, lebt und arbeitet in Güstrow als Facharzt für Allgemeinmedizin in eigener Praxis; Kunsthistoriker, profunder Kenner der norddeutschen Kunst- und Kulturgeschichte.

Birgid Holz, Landesamt für Denkmalpflege Mecklenburg-Vorpommern, Schwerin (Beitrag Schweriner Schlossinsel – Burggarten und Orangerie))

Über Korrekturhinweise und Anregungen freuen wir uns:
L&H Verlag Barnerstr. 14 22765 Hamburg
kontakt@LH-Verlag.de www.LH-Verlag.de

DANKE

Jagdschloss Bellin Bellin bei Güstrow 287
Tourismusverband Rügen Bergen auf Rügen 259
Landhotel Bömitz Bömitz 273
Schloss Frauenmark Frauenmark bei Schwerin 273
Pommersches Landesmuseum Hansestadt Greifswald 267
Fremdenverkehrsverein Güstrow Güstrow 255
Kurhaus am Inselsee Güstrow 277
Schloss Hasenwinkel Tagungshotel der Wirtschaft
Hasenwinkel bei Schwerin 287
Stadt Neubrandenburg/Veranstaltungszentrum
Neubrandenburg 257
Hotel Schloß Passow Passow am See 265
Tourismusverband Mecklenburg-Vorpommern Rostock 275
Freilichtmuseum Schwerin-Mueß Mecklenburgisches Volkskundemuseum Schwerin 271
Schwerin Plus Touristik Service Schwerin 265
Gutshaus Solzow Solzow 279
Falkenløwe DK Sonderborg 289
Weiße Flotte Stralsund Stralsund 261
Hotel Schloss Ulrichshusen Ulrichshusen 283
Hotel Schloss Vietgest Vietgest bei Güstrow 285
Gutshof Woldzegarten Woldzegarten 281

Landesamt für Denkmalpflege Schwerin

Ein herzliches DANKE geht auch an die vielen Schlossbesitzer und Schlossbetreiber, die touristischen Verbände und andere Institutionen und Firmen, die den Autor und die Redaktion vielfältig unterstützt haben.

INHALT

Mecklenburgische Schweiz & Recknitzniederung 109

Mecklenburgische Seenplatte 165

WILLKOMMEN

Willkommen im nördlichsten deutschen Bundesland. Es besitzt neben schönen Ostseestränden stolze Hansestädte, einladende Seebäder, mehr als eintausend große und kleine Seen, herrliche Alleen, einstige Residenzen, eindrucksvolle Backsteinarchitektur und viel Ruhe und Natur. Sie als Reisender oder als Einwohner wollen aber die große Zahl der Schlösser und Herrenhäuser kennen lernen. Und dazu haben Sie mit diesem Buch einen kompetenten Begleiter.

Das Buch kann leider nicht alle Schlösser und Herrenhäuser des Landes beschreiben. Unser Autor Dieter Pocher hat sich deshalb auf die kunsthistorisch wichtigen Häuser beschränkt und darauf geachtet, dass diese zugänglich sind, wenn auch hin und wieder nur von außen zu besichtigen oder zu bestimmten Zeiten. Also: Kunst- und kulturgeschichtliche Bedeutung, Zutritt bzw. Begehbarkeit und Gesamtattraktivität – das waren die Auswahlkriterien. Mit Ziffern versehene Häuser sind kunsthistorisch besonders wichtig oder eignen sich als Ausgangspunkte zur Erkundung weiterer unter der jeweiligen Ziffer aufgeführter Orte. Aber allein die Denkmalliste umfasst über 1000 Schlösser und Herrenhäuser. Deshalb kann dieses Buch nur eine Auswahl der wichtigsten zugänglichen Häuser berücksichtigen. Gleichwohl soll es aber einen repräsentativen Überblick über die architektonisch anspruchsvollen Gebäude bieten. Hinweise auf weitere sehenswerte Schlösser und Herrenhäuser entnehmen Sie dem Text oder der Auflistung ab Seite 242.

Im Reise-Serviceteil finden Sie die bereits kunsthistorisch beschriebenen Häuser zusätzlich mit Service-Angeboten, sofern es sich um Hotels o.ä. handelt. In diesem Anhang finden Sie auch Hinweise zu weiteren historischen Landsitzen. Der Tourismusverband Mecklenburg-Vorpommern gibt einen separaten Schlösser-Prospekt heraus, dem Sie weitere Angebote entnehmen können.

Viel Freude und Erbauung bei Lektüre und Reise wünschen Ihnen Autor und Verlag!

KUNSTHISTORISCHE EINFÜHRUNG

EINE REISE IN DIE GESCHICHTE, ZU KUNST UND KULTUR

Der Eindruck eines großen Landschaftsgemäldes erhöht sich für den Denkenden, wenn er es mit Geschichte zu verbinden weiß.

Ferdinand Gregorovius

Zugegeben, einer solchen Geschichtsauffassung mag etwas Romantisches anhaften. Tatsächlich verbirgt sich dahinter aber ein Denkmodell, das – ausgehend von dem engen Geflecht zwischen Landesnatur, Geschichte, Kunst und Kultur – am Bild der Gegenwart Vergangenes erkennen möchte. Zur Deutung gemeinsamer siedlungs- und agrar- sowie kulturgeschichtlicher Konturen im heutigen Bundesland Mecklenburg-Vorpommern bietet es sich an. Dies umso mehr, als hier seit dem Ende des Zweiten Weltkrieges und neuerlich bei der Länderbildung im Frühsommer 1990 zwei benachbarte historische Kulturlandschaften Norddeutschlands mit eigenen, weithin sogar voneinander unabhängigen Geschichtsbezügen zu einer Verwaltungseinheit zusammengefügt sind: das gut tausendjährige Mecklenburg – bis 1918 ein souveräner Bundesstaat – und das nicht minder traditionsreiche Vorpommern – ein Rest der 1945 untergegangenen preußischen Provinz Pommern. Zu den prägenden Landschaftseindrücken zählen hier die auf rund 2000 bezifferten Gutsanlagen, selbst wenn davon bereits siebzig Prozent ernsthaft substanzgefährdet sind.

Dieser Reiseführer regt zum Entdecken solcher Schlösser und Herrenhäuser an, die touristisch nutzbar sind, verweist aber auch auf solche, die zu den bau- und kunstgeschichtlichen Kostbarkeiten in Mecklenburg-Vorpommern rechnen. Ein Katalogisieren ist freilich nicht beabsichtigt, wohl aber sollen die in ihrem architektonischen Anspruch durchaus differierenden Gebäude einen repräsentativen Überblick über einen spezifischen Bereich regionaler Baugeschichte vermitteln.

Einladend liegen sie vor uns, die mannigfaltigen, eiszeitlich modellierten Landschaftsbilder von Mecklenburg-Vorpommern – gewissermaßen eine „Schöpfung" der letzten großen Kälteperiode, der so genannten Weichselkaltzeit. Unschwer weiß der Kenner die bunte Abfolge von Flachland und Hügelketten, Seen und Wasserläufen als glaziale Serie zu deuten. Waldstreifen, Baumgruppen, Alleen, unterschiedlich grün, das Rot der Dächer kleiner Dörfer, einzelner Gehöfte, scheinbar endlose Wiesen und Felder, das Wechselspiel aufgetürmter Wolkenberge – das sind die Farbtupfer, die den Zauber der Landschaftseindrücke nur noch erhöhen. Andererseits: Die natürlichen Ressourcen sind mehr als bescheiden. Relativ dünn besiedelt, ist diese nordöstliche Region bis heute agrarisch bestimmt.

Bodendenkmale und archäologische Fundplätze beweisen, dass das heutige Mecklenburg-Vorpommern seit gut zehntausend Jahren durch Menschen besiedelt wird. Steinzeit, Bronzezeit, Eisenzeit stehen in ihrer Abfolge für zivilisatorischen Zuwachs. Als dann in der Völkerwanderungszeit die germanischen Stämme aus dem Gebiet zwischen Elbe und Oder abzogen, folgten ihnen slawische Verbände in diesen Raum nach. Mit der Neubesiedelung des Landes entstanden zwischen dem 8. und 9. Jahrhundert Dörfer und Burgen, deren mächtige Umwallungen teilweise bis heute überdauert haben, so die Anlage von Groß Raden bei Sternberg, die Michelenburg (Mecklenburg) bei Wismar und auch die Tempelburg Arkona (Jaromarsburg) auf der Insel Rügen. Aber schon vor der Jahrtausendwende wurden die Slawen durch ihre Nachbarn bedrängt, von Wikingern und Dänen, polnischen und deutschen Heeren. Nach dem Slawenaufstand von 983 schien das von den Anrainern Gewonnene wieder verloren. Erst im Verlauf der weiteren Ostkolonisation – jener vom Anfang des 12. bis hinein ins 13. Jahrhundert währenden und in einem engen Kontext zum damaligen Kreuzzugsgeschehen stehenden Etappe – sollten jene Siedlungsgebiete dem deutschen Lehnsverband angegliedert werden. Pribislaw, Sohn des 1160 gefallenen Obotritenfürsten Niklot, wurde 1167 Reichsfürst. Seine Nachfolger regierten als Herzöge (seit 1348) bzw. Großherzöge (seit 1815) Mecklenburg bis 1918. Bogislaw erhielt 1181 Pommern zu Lehen. Im Jahre 1637 erlosch das Greifenhaus, und schließlich bereitete der Westfälische Frieden jeglicher Selbstständigkeit jenes Landes ein Ende. Rügen, ein zunächst der dänischen Krone lehnspflichtiges Fürstentum, fiel 1325 im Erbgang an Pommern.

Durch diese politische Entwicklung wurde der nun bis in die ersten Jahrzehnte des 13. Jahrhunderts dauernde Zustrom deutscher Siedler begünstigt. Die Siedler kamen zu Tausenden aus Niedersachsen, Westfalen und Holstein, selbst aus dem Rheinland. Keineswegs planlos, denn die Forschung versteht es schon lange, die historischen Siedlungstypen, Ortsnamenübertragungen, Stadtrechtsformen, Kirchenbau- und Bauernhaustypen den verschiedenen Wanderungsrichtungen der Kolonisten zuzuordnen. So begann eine Phase, in der zahlreiche dörfliche Siedlungen entstanden, Städte, Klöster und Komtureien begründet wurden und sich ein neues Burgensystem herausbildete. Die Kolonisationsbewegung bewirkte einen wirtschaftlichen Aufschwung und führte bald zu einem relativ einheitlichen niederdeutschen Kulturgefüge. Teile der slawischen Bevölkerung vermochten sich dem deutschen Einfluss zu öffnen, und noch vor Ausgang des Spätmittelalters war dieser Volksteil völlig assimiliert.

In diesem historischen Umfeld setzt die Tradition nordostdeutscher Herrensitze ein. Eine Bauaufgabe, die bis hinein in die ersten Jahrzehnte des 20. Jahrhunderts nichts an Aktualität verlieren sollte. Zweifellos hängt das mit der einstigen Wirtschaftsstruktur der Region zusammen – typische Agrarländer, in denen der Großgrundbesitz überwog. Allein 1907 wurden in Mecklenburg-Schwerin mehr als 59 %, in Mecklenburg-Strelitz 60 % und in Pommern 51 % der landwirtschaftlichen Nutzflächen von Betrieben über 100 Hektar bewirtschaftet, wohingegen der damalige Reichsdurchschnitt bei 22 % lag. Die bau- und kunstgeschichtliche Darstellung der alten Herrensitze wird demnach mit einem Blick auf die Entwicklungsgeschichte der Gutswirtschaften verbunden sein müssen.

Exakt definiert – da die Umgangssprache diese Unterscheidung zu gerne verwischt – handelt es sich bei der Burg um eine bewohnte Wehranlage, während das Schloss als Wohnsitz eines Fürsten oder einer vergleichbaren Standesperson gilt, ohne zugleich auch zur Verteidigung eingerichtet zu sein. Das Herrenhaus aber ist der Wohnbau eines Gutsbesitzers und stellt – unabhängig vom architektonischen Aufwand – in Verbindung mit den Wirtschaftsgebäuden das administrative Zentrum einer Gutsanlage dar.

Im gesamten Bereich nordöstlich der Elbe erfolgten die Dorfgründungen über so genannte Lokatoren, Mitglieder des niederen Adels zumeist deutscher Herkunft, zuweilen aber auch slawischer Abstammung. Als lehnsrechtlich eingebundene Vasallen besaßen sie neben grundherrlichen Rechten und der niederen Gerichtsbarkeit in der Regel drei bis vier Hufen Landes, womit die ritterlichen Eigenbetriebe nicht viel größer waren als die in Erbpacht bewirtschafteten Höfe. Zur Erfüllung so genannter Rossdienste, also Kriegsdienstpflichten gegenüber dem Lehnsherrn, waren dem ritterlichen Anwesen allerdings weitere Hufen zur Vieh-, insbesondere Pferdezucht zugewiesen. Erst im Verlauf von Spätmittelalter und früher Neuzeit, mit der Herausbildung von Großgrundbesitz, sollte sich dieser Zustand ändern.

Die Feldmark der Kolonisationszeit wird charakterisiert durch den Streubesitz, der sich aus dem Flurzwang der damaligen Dreifelderwirtschaft erklärt. Das heißt: die Flurstücke von Winterfeld, Sommerfeld und Brache waren gleichermaßen für den ritterlichen wie bäuerlichen Landwirt in jeweils recht lange und vor allem schmale Streifen aufgeteilt und unterlagen der kollektiven Bewirtschaftung. Dadurch war der Ritter – und mit ihm sein Hof – eng in die Dorfgemeinschaft eingebunden.

Wie die Rittersitze der Kolonisationszeit ausgesehen haben mögen, lässt sich wegen fehlender Aufzeichnungen und spärlicher Bodenfunde nur vermuten. Es ist aber davon auszugehen, dass zunächst auch hier das für den Nordosten charakteristische niedersächsische Zweiständerhaus, das so genannte Kübbungshaus, zur Anwendung gelangt ist. Unklar bleibt, ob der ritterliche Wohnsitz von Anfang an vom Wirtschaftshof getrennt war oder der Ritter sich nur in Notfällen in die außerhalb der dörflichen Siedlung errichtete Befestigung zurückzog. Diese Anlagen, schwer zugänglich in sumpfigem Gelände oder auf einem halbinselartigen Sporn gelegen, wurden in der Folgezeit zu Wehrhöfen erweitert und dienten fortan dem ortsansässigen Ritter als Wohn- und Wirtschaftsstätte.

Als Haupttyp früher niederadliger Befestigungen war der Turmhügel – überwiegend in Niederungen und nahe dem mittelalterlichen Dorfkern – weit verbreitet. Die in ihrer Ausführung recht unterschiedlichen Anlagen waren von Gräben umgeben. Der Aushub wurde meist zu rechteckigen Hügeln aufgeschüttet. Hierauf errichteten die frühen Burgherren einen von Palisaden und Hackelwerk bewehrten Turm, der anfänglich lediglich als Holz- oder Fachwerkbau aufgeführt war und erst später in massiver Steinbauweise.

In Samow und Fincken haben sich Turmhügel erhalten, für den Dewitzer Dorfverband sind – eine Seltenheit – sogar zwei solcher Anlagen überliefert, und in Göhren/Strelitz wurde ein mittelalterlicher Wehrturm in einen slawischen Burgwall eingefügt. Seit dem 14. Jahrhundert erweitern mehr oder weniger ausgedehnte, landwirtschaftlich genutzte Vorburgen solche Kernbauten, wobei es sich ausschließlich um Niederungsanlagen handelt. Aussagekräftige Beispiele haben sich als Bodendenkmale erhalten, so in Groß Markow und Vorwerk/ Demmin. Am beeindruckendsten sind die Ruinen der recht umfangreichen Burganlage von Stuer-Vorwerk mit dem mächtigen Wohnturm. Erwähnenswert ist ferner die im 16./17. Jahrhundert veränderte Maltzan-Burg in Penzlin. Trotz späterer Überbauung haben die Herrenhäuser Gnemern und Turow nichts an ursprünglicher Wehrhaftigkeit verloren. Über den Resten früherer Wasserburgen errichtet, erinnern beide Bauwerke an das so genannte Feste Haus, wie der Wehrhof auch bezeichnet wird. Typologisch ist die Abgrenzung zwischen den einzelnen Befestigungsformen nicht immer präzise möglich. Unter geschickter Ausnutzung natürlicher Gegebenheiten entstanden ausnahmsweise auch hoch gelegene Befestigungen, so in Weisdin.

ALTE BURG PENZLIN
Beeindruckender mittelalterlicher Wehrbau

Von diesen niederadligen Bewehrungen, die eigentlich nur geringen militärischen Wert besaßen, sind die voll ausgebildeten Burganlagen aus der Wende vom 13. zum 14. Jahrhundert zu unterscheiden. Ursprünglich in landesherrlichem Besitz, gingen sie später nicht selten durch Pfandschaft in den Besitz mächtig gewordener Vasallengeschlechter über. Bekannte Niederungsburgen dieser Art sind Wasdow und Galenbeck, wo erst nach komplizierten Erschließungs- und Fundamentierungsarbeiten die steinernen Bauten von Haupt- und Vorburg – so Wohnturm, Bergfried, Palas, Ringmauern und Toranlage – errichtet werden konnten. Aus der stattlichen Reihe der Landesburgen seien die Michelenburg und die Anlagen von Schwerin, Güstrow, Demmin und Putbus erwähnt, die – teilweise sogar noch über den alten slawischen Ringwällen errichtet – bis zur Neuzeit als Fürstensitze Bedeutung erlangt haben. Als landesherrliche Befestigung der Übergangszeit gilt die 1284 erstmals erwähnte Burg Wredenhagen, da hier in exzellenter Weise Elemente der slawischen wie frühdeutschen Burgbautradition einander durchdringen. Gadebusch und Burg Stargard, Mecklenburgs größte mittelalterliche Burg, zählen zu den Höhenburgen und sind stets in fürstlichem

Besitz verblieben. Auf einer eiszeitlichen Geländekuppe seit dem 13. Jahrhundert angelegt, folgt die Stargarder Befestigung in ihrer Struktur vergleichbaren Vorbildern im Altsiedelland. Als besterhaltene mittelalterliche Burg im Lande gilt das Alte Schloss in Neustadt-Glewe, eine frühere Nebenresidenz der mecklenburgischen Herzöge. In ihrer charakteristischen Form – so der regelmäßige Grundriss und Verzicht auf ein Torhaus sowie die Lage des Bergfrieds – ist sie ein Beispiel für Wehranlagen aus dem mittleren 14. Jahrhundert.

Da seit Ende des 14. Jahrhunderts die Bedeutung von Feuerwaffen für das Befestigungswesen ständig zunahm, wurden seit der frühen Neuzeit eine Reihe von Wehranlagen waffentechnisch modernisiert und umgerüstet. Fortifikationsanlagen, die sich wenigstens bis zum 30-jährigen Krieg bewähren sollten, werden als Feste bezeichnet. Angelegt über quadratischer oder rechteckiger Grundform und mit starken Mauern und Bastionen versehen, die die Wohn- und Wirtschaftsbauten umschließen, zeichnen sie sich gegenüber der Burg durch ihr weiträumiges, rationelleres System von Graben und Wall aus. In Mecklenburg-Vorpommern begann diese Phase mit dem Umbau der Plauer Burg um 1540. Spantekow, aber auch Putzar und Landskron, die bescheideneren Anlagen von Dalwitz und Lühburg und nicht zu vergessen Granskevitz auf Rügen dokumentieren als zeitgleiche Befestigungen den Entwicklungsstand damaliger Wehrtechnik.

Doch sei nicht vorgegriffen. Denn am Vorabend der Reformation, die sich in Mecklenburg und Pommern ab 1520 ausbreitete, sollte sich in der Landwirtschaft eine allgemeine Krise abzeichnen. Bedingt durch die verheerenden Seuchen seit der Mitte des 14. Jahrhunderts kam es zu einer weitgehenden Entvölkerung agrarischer Regionen und damit verbunden zu Orts- und Flurwüstungen. Der Preisverfall von landwirtschaftlichen Erzeugnissen wie überhaupt ständige Geldentwertung trugen zur Verschuldung und Verarmung der Ritter bei. Das fortdauernde Fehdewesen mochte ein Übriges bewirkt haben. Bedeutendere bauliche Unternehmungen waren also kaum noch möglich. Architektonische Leistungen wie das spätgotische Netzgewölbe in Gnemern scheinen eine Ausnahme darzustellen. Insgesamt gesehen stellten sich die Ritterhöfe damals als uneinheitliche Baukomplexe dar. Aber es hatte sich ein Funktionswandel vollzogen: Wirtschafts- und Wohnbereich wurden jetzt in unmittelbarer räumlicher Abfolge aufeinander bezogen, jedoch ohne Rückkoppelung zur dörflichen Siedlung. Baukünstlerisch konnte dieses neuartige Ordnungsprinzip dann erst in der Folgezeit gelöst werden.

Die Eckdaten Reformation und Ausbruch des 30-jährigen Krieges 1618 markieren für Mecklenburg und Pommern die Zeitspanne der Renaissance. Ihre Baukultur wird bis heute durch einen für Norddeutschland erstaunlichen Reichtum an Fürstenschlössern und Herrensitzen dokumentiert. Die vielgestaltige Palette ihres künstlerischen Formengutes prägen vorrangig italienische Vorbilder, doch lassen sich auch französische und flämische sowie typisch deutsche Gestaltungsprinzipien erkennen. Anregungen, die in ihrer Synthese zu etwas Eigenständigem, Landestypischem verarbeitet worden sind, wie die so genannten „Johann-Albrecht-Bauten", die Residenzen in Wismar (1553-56, nach Plänen von Gabriel van Aken und Valentin von Lira),

WISMAR
St. Georgen-Kirche und Fürstenhof

Schloss Güstrow
Italienische Palastarchitektur, nach Plänen von Franz Parr 1558-66

Schwerin (1553-55) und Gadebusch (1571, nach Entwurf von Christoph Haubitz) belegen. Ihre ausgewogene Gliederung und ihr charakteristischer, vom flämischen Florisstil beeinflusster Terrakottaschmuck leiten sich von norditalienischen Renaissancebauten ab. Für den Wismarer Fürstenhof war der im Jahre 1508 entstandene Palazzo Roverella in Ferrara das unmittelbare Vorbild. Die Lünettengiebel der Johann-Albrecht-Bauten lassen sich ebenfalls auf italienische Motive zurückführen, doch steht das Festhalten an aufwändigen Schmuckgiebeln durchaus auch mit nordalpinen Baugewohnheiten in Zusammenhang. Details, wie hohe Satteldächer, Treppenturm und Erker, deuten ebenfalls auf einheimische Meister.

Charakteristische Elemente italienischer Palastarchitektur weist das Güstrower Schloss (1558-66, nach Plänen von Franz Parr) auf, die Residenz von Herzog Ulrich, einem Bruder Johann Albrechts. So die markante, fassadengliedernde Putzquaderung und hofseitig die prächtige, dreigeschossige Arkadengalerie. Auf Entlehnungen aus der französischen Schlossbaukunst deuten die Bewegtheit des Baukörpers: pavillonartig ausfluchtende

Ecktürme und die als Mittelakzent der Hoffassaden konzipiert gewesenen Treppentürme sowie die durch skurril geformte Schornsteine aufgelockerte Dachlandschaft. Das niederländische Formengut des Nordflügels (1587/88, nach Entwurf von Philipp Brandin) bleibt zurückhaltend. Und die ungebrochene Kraft heimischer Bautraditionen zeigt sich in den aufwändigen Giebelaufbauten sowie in der asymmetrischen Komposition der Bauglieder. Als Erlebnis besonderer Art erweisen sich immer wieder die kostbaren Deckengestaltungen.

In der Spätrenaissance, unmittelbar vor Ausbruch des 30-jährigen Krieges, sollten sich nochmals niederländische Einflüsse bemerkbar machen. Seit 1612 hatte der aus Emden stammende Ghert Evert Piloot dann nur noch zum Teil ausgeführte Umbaupläne für das Schweriner Schloss erarbeitet. Danach wäre der heterogene, noch mittelalterliche Partien enthaltende Komplex großzügig zu einem einheitlichen Baublock umgestaltet worden.

Nach den Verwüstungen späterer Kriege haben sich – bis auf den bescheidenen Ludwigsburger Witwensitz von 1577 – von den pommerschen Fürstenschlössern leider nur Nachrichten erhalten, abgesehen vom Stettiner Stadtschloss. In Ueckermünde blieb ein Torso der alten, bis 1546 in Renaissanceformen erneuerten Schlossanlage bewahrt. Die einstigen Greifenresidenzen zu Loitz, Franzburg und Wolgast waren sächsischen Vorbildern folgende, giebelreiche, mehrflügelige Anlagen. Erhalten hat sich lediglich die frühere Franzburger Schlosskapelle (1583). Hier, wie auch in Schwerin, erinnern die massiv aufgeführten, zweigeschossigen Emporen an den Längsseiten an die gleichzeitige Torgauer Raumlösung. In Schwerin und der Güstrower Hofkirche, dem Dom, sind rund geformte Kanzelkörbe überliefert, ebenfalls ein Torgau-Zitat. Solche Bezüge auf den ersten protestantischen Predigtraum trugen Bekenntnis – und Denkmalcharakter, zumal Ähnliches auch für andere höfische Sakralbauten nunmehr evangelischer Fürstenfamilien belegt ist. Zusammen mit dem 1554 fertig gestellen Croy-Teppich, der seit 1684 zum Besitz der Greifswalder Universität zählt, lassen diese Bau- und Kunstwerke bis heute etwas vom langwierigen Reformationsgeschehen erahnen.

Es ist davon auszugehen, dass die Zahl der Renaissance-Herrenhäuser durch spätere Kriegsfolgen, Umbauten und Verwahrlosung stark dezimiert worden ist. Aber die erhaltenen Beispiele – so Basedow (1552), Ulrichshusen, Mellenthin (1575-88), Spantekow, Penkun (um 1600) sowie Renz, Granskevitz und Spyker – lassen den Wandel erkennen, dem seit der Mitte des 16. Jahrhunderts die Sitze des Landadels unterworfen waren. Im Allgemeinen wurden die nun räumlich vom bäuerlichen Siedlungsverband getrennten Gutsbereiche um einen rechteckigen Hof gruppiert: seitlich die Wirtschaftsgebäude und an den Schmalseiten das Torhaus und als Kopfbau das jetzt massiv errichtete Herrenhaus mit der Längsseite als Schaufront. Eine mittig angeordnete Querdiele sowie in der Regel ein an der Hofseite angefügter Treppenturm runden das architektonische Bild ab. Selbst winkelförmige Grundrisslösungen sind gewählt worden, so in Putzar und Penkun. In Mellenthin flankieren zwei Nebenbauten das Hauptgebäude, so dass der Eindruck einer Dreiflügelanlage entsteht. So genannte „Doppelhäuser", also die aus Schleswig-Holstein und Brandenburg bekannten, aus mehreren Paralleltrakten zusammengesetzten Gebäudekörper, sind bei Schloss Basedow und auf Rügen in Üselitz (Ruine) und Boldevitz zu belegen. Insgesamt bleibt die architektonische Gliederung der zumeist zwei-, zuweilen auch dreigeschossigen Bauwerke bescheiden, abgesehen vom Portalbereich. Nach dem Vorbild der Fürstenschlösser tritt Terrakottaschmuck auf – so in Basedow, Ulrichshusen, Spantekow. Die qualitativ hochwertigen Kamine von Mellenthin und Spantekow sind als letzte Reste der ursprünglichen Innenausstattung nennenswert.

Das 18., vor allem aber das 19. Jahrhundert stehen für einen bis dahin nicht gekannten, freilich nicht krisenfrei gebliebenen Aufschwung in der Landwirtschaft. In seinem Verlauf wandelten sich die Gutswirtschaften in prosperierende agrarische Großbetriebe. Seit Mitte des 18. Jahrhunderts trat im Nordosten Deutschlands neben die traditionelle Dreifelderwirtschaft allmählich die holsteinische Koppelwirtschaft. Diese Anbaumethode, angereichert durch Erfahrungen im Lande selber, setzte sich um 1800 in einer modifizierten Form durch: der Schlagwirtschaft. Ab 1830 wurde sie den Gesetzen des Fruchtumlaufs angepasst.

Damit in Zusammenhang steht, dass Klee und Raps, später auch Zuckerrüben, als neue Kulturen Eingang in den Feldbau fanden. Mit den Intensivierungsmaßnahmen in Ackerbau und Viehzucht konnten die landwirtschaftlichen Erträge in einem Umfang gesteigert werden, dass es gelang, das exportorientierte Wirtschaftsgefüge lange Zeit international konkurrenzfähig zu halten. Diese Faktoren konnten aber die schon andauernde Ausbildung von Großgrundbesitz nur noch verstärken, was schließlich grundlegende Veränderungen im Flurgefüge bewirken sollte. Es entstand das Gutsdorf, eine bis dahin in Nordostdeutschland unbekannte ländliche Siedlungsform, die sich durch ihre auffällige Zweiteilung in Herrenhof und Katenzeile auszeichnet. Allerdings lässt sich die Umstrukturierung der Gutsbetriebe und der damit verbundene Um- oder Neubau vieler Herrenhäuser nicht nur ökonomisch erklären. Vielmehr verbirgt sich dahinter auch ein Umbruch in der damaligen Lebens- und Wohnkultur. Vor diesem, hier nur andeutungsweise umrissenen Beziehungsgeflecht und geprägt durch die Architektursprache von Barock, Klassizismus, Historismus und beginnendem 20. Jahrhundert, findet die Bauaufgabe Schloss, Herrenhaus ihre künstlerische Gestalt.

Als Wehranlagen hatten die Herrenhöfe nach dem 30-jährigen Krieg ihre Bedeutung weitgehend verloren. Zumeist waren sie ohnehin verwüstet. In der schwierigen Wiederaufbauperiode lagen die zunächst noch bescheidenen Bauinitiativen fast ausschließlich beim Landadel. Lühburg und Dalwitz waren instand zu setzen, in Kurzen Trechow – ein übrigens viel zu wenig bekannter Feldsteinbau von ungewöhnlicher Qualität – sah es nicht viel anders aus, 1682-85 war Gnemern zu erneuern, um nur diese wenigen Beispiele zu nennen. Ein restriktiver Charakter lässt sich allen diesen Bauwerken nicht absprechen, und selbst am Ende des 17. Jahrhunderts mochten fortifikatorische Überlegungen noch eine Rolle spielen, wie das auf einer Landzunge zum Recknitztal hin errichtete Wohrenstorfer Herrenhaus belegt.

In dieser Situation begann ab 1657 die Ausführung von Schloss Rossewitz. Das vom Typ her als Palast zu deutende

Gebäude stellt ein „Importwerk" ersten Ranges dar, das in Mecklenburg-Vorpommern einzig dasteht. Es ist überliefert, dass der weltgewandte und baukünstlerisch dilettierende Auftraggeber Joachim Heinrich v. Vieregge, angeregt durch italienische Palast- und Villenbauten, Vorbild und Raumdispositionen vorgab, während es dem Baumeister Charles Philippe Dieussart oblag, diese Gedanken architektonisch umzusetzen. Die Übernahme italienischer Elemente zeigt sich in der Wahl des Bautyps, der in wesentlichen Punkten – so Struktur und Ausrichtung des Baukörpers – Details Genueser Stadtpaläste folgt. Dagegen zeigt sich der holländische Zug in Fassadengliederung und Baudekor. Der Aufriss dürfte Dieussart unbedingt zuzuschreiben sein, da das „Riesengebälk" – eine Sonderform von gekragtem Hauptgesims – zusammen mit dem übrigen Bauschmuck ein geschlossenes System bildet. Dieussart bewegte sich mit diesem Bau auf der aktuellen Höhe damaliger Architekturdiskussion und trug damit zur Adaption italienisch-holländischen Gedankengutes in Norddeutschland bei.

Vereinfacht gesagt, wird in Deutschland die von stilistisch unterschiedlichen Strömungen gespeiste Barockkunst um 1700 von Frankreich her beeinflusst, wobei im Norden gemäßigte, zuweilen vielleicht doch etwas zu kühle Bauformen umgesetzt wurden. Die ihr eigenen Ordnungsprinzipien, wonach auch Siedlung und Landschaft raumgreifend aufeinander bezogen worden sind, konnte die Bedeutung der Bauaufgabe Schloss, Herrenhaus nur noch unterstreichen. Gutsanlagen wie die zu Diekhof (ab 1736), Johannstorf (1743, nach Plänen von Rudolph Matthias Dallin), Faulenrost (1760-64), Ivenack und Schloss Bothmer (1726-32, nach Entwurf von Johann Friedrich Künnecke) sind Beispiele, die trotz gelegentlicher Substanzverluste seit 1945 barockes Raumempfinden bis heute vermitteln.

Als architektonischer Höhepunkt erfährt das Herrenhaus mit dem zugehörigen Park eine Deutung als Repräsentations-, Wohn- und Verwaltungszentrum der Besitzung, dem die Wirtschafts- und sonstigen Nebenbauten einschließlich die als Katen bezeichneten Leutehäuser räumlich-gestalterisch beigeordnet sind. Zwischen Gutsanlage und freier Natur vermitteln als gestalterische Elemente zuweilen Wasserläufe – meist künstlich angelegt und nun ohne fortifikatorische Bedeutung, so in Johannstorf und Bothmer. Obligat sind aber axial angelegte Alleen, als deren kostbarste in Mecklenburg-Vorpommern die weit über 200 Jahre alte Festonallee zwischen Schloss Bothmer und Hofzumfelde gilt. Schon dieses Beispiel zeigt, dass auf Ziel- oder Blickpunkte keinesfalls verzichtet wurde. Pavillons oder wie in Diekhof der große Granitobelisk bündeln die Hauptachsen. In Groß Schwansee leitet die um 1750-55 gepflanzte Lindenallee den Blick axial zur Ostsee als einem Naturerlebnis im Sinne der ästhetischen Kategorie des Erhabenen. Geistesgeschichtlich darf diese ungewöhnliche Abfolge unbedingt Interesse beanspruchen, deutet sie doch auf den Wandel zu aufklärerischem Weltverständnis seit der Jahrhundertmitte. Zur Verdeutlichung bietet sich ein Vergleich mit der fast gleichzeitig errichteten Weisdiner Gutsanlage an. Nach einem Großbrand um 1740 erfolgte dort unter Wahrung von strenger Symmetrie und Axialität sowie geschickter Ausnutzung natürlicher Gegebenheiten eine räumlich-kompositorische Zuordnung von Herrenhaus (1749) und Gutskirche (1747-49), die ganz traditionell das Verhältnis von Irdischem zu jenseitig Höherem als Erlebnis der Gottesnähe thematisiert.

An Umfang das zeitgleiche städtische Bauaufkommen sogar noch übertreffend, setzte mit dem beginnenden 18. Jahrhundert auf den Gütern eine bemerkenswerte Bautätigkeit ein, die trotz krisen- bzw. kriegsbedingter Unterbrechungen schließlich in den Stilformen des Klassizismus kulminieren sollte. Nicht selten spiegelt das Ausmaß der Baufreude die Bedeutung einzelner Familien wider. So entstanden herrschaftliche Wohnsitze, die – bis auf den funktionellen Unterschied – hinsichtlich ihrer Dimensionen und künstlerischen Ausstattung einen Vergleich mit fürstlichen Bauten nicht zu scheuen brauchen, so ehedem Remplin sowie die 1945 zerstörten Schlösser Schwerinsburg und Rottmannshagen und die noch erhaltenen Schlossbauten Zettemin, Kummerow und Bothmer, die heute bedeutendste Barockanlage in Mecklenburg-Vorpommern.

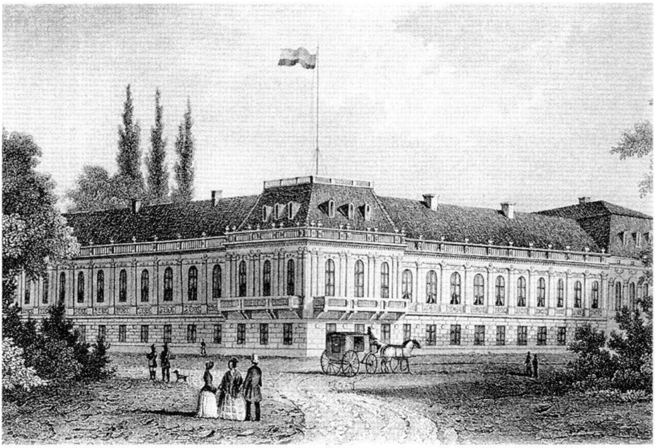

Remplin
Großartige Gutsanlage aus dem 18., umgestaltet im 19. Jahrhundert

In der Regel erfolgten Planung und Ausführung der Bauvorhaben durch heimische Kräfte. Auswärtige Baumeister und Kunsthandwerker wurden nur ganz selten verpflichtet. Schloss Bothmer, für das sich direkte Vorbilder nicht ohne weiteres benennen lassen, entstand als Auftragswerk eines welterfahrenen Diplomaten unter Leitung des aus Hannover stammenden Künnecke. Überregionale Beziehungen familiärer Art und Avancement im europäischen Staatsdienst, wie bei den Familien v. Bassewitz und v. Bernstorff, mögen zur Bekanntschaft mit Architekten geführt haben, deren Leistungen im benachbarten Niedersachsen und Schleswig-Holstein hoch geschätzt waren. Auch das Torhaus, ein charakteristisches Bauglied schleswig-holsteinischer Gutsanlagen, ist als „Kunstimport" zu deuten, der durch solche Beziehungen Eingang in die heimische Baugeschichte gefunden hat. Selbst die eine Torsituation beschreibenden, stets paarig angelegten Pavillonbauten stellen keine spezifisch einheimische Architekturleistung dar. Sie lassen sich aus dem stilführenden französischen Bauschaffen ableiten, doch gilt – wie in Faulenrost – eine unmittelbare Anlehnung an dieses Vorbild eher als Ausnahme.

Verbindlich blieb aber das Grundschema, wonach bei größeren Anlagen das Hauptgebäude und die Kavaliersbauten um einen Ehrenhof zu gruppieren waren. Als frühes Beispiel dieser Art gilt Lühburg (um 1720), wo bescheidene Anbauten an einen älteren Kernbau den Komplex zu einer Dreiflügelanlage modifizieren. Ein kleines, beschwingtes Bauensemble des gleichen Typs ist Kartzitz auf Rügen (um 1750). Letztmalig scheint dieses Schema bei der Vietgester Anlage (1792-94) vorgesehen gewesen zu sein. Das beeindruckendste Beispiel bleibt freilich Schloss Bothmer, dessen effektvoll gestaffelter Ehrenhof immerhin eine Gesamtbreite von 200 Metern erreicht. Die klare, streng symmetrische Grundrissgliederung dieser Schlossanlage findet im rhythmisierten Aufriss der Gebäudegruppierung eine Entsprechung. In dieser Hinsicht ergeben sich Parallelen zu Karlsburg, Luplow und Vietgest, wenngleich Ehrenhöfe hier fehlen. Gestaffelt durch architektonische Akzentuierungen, entwickeln sich jene Bauten in geradliniger Reihung entlang der Kopfseite des Gutshofes. Interessante Variationen des französischen Grundschemas sind für Zapkendorf, Diekhof, Dreilützow nachweisbar und planlich für Prebberede (1764) belegt. Die räumliche Gruppierung von Haupt- und Nebenbauten wirkt durch den Verzicht auf verklammernde Galerie- bzw. Zwischentrakte aufgelockert. Den gestalterischen Zusammenhang vermitteln stattdessen die zu Alleen fortgeführten Baumreihen, das Repräsentative des Ehrenhofes gegenüber dem jetzt funktionell herausgelösten eigentlichen Wirtschaftsbereich unterstreichend.

Alle diese Beispiele dürfen aber nicht darüber hinwegtäuschen, dass sich das äußere Erscheinungsbild barocker Herrenhäuser recht vielgestaltig darstellt, selbst wenn sie in der Mehrzahl einem Grundschema zu folgen scheinen, wie es sich in Weisdin und Plüschow (1758-63) erhalten hat: behäbige, zweigeschossige Bauten mit hoher Dachkonstruktion und gliedernden Risaliten, deren Raumprogramm durch Festsaal und Treppenhaus dominiert wird. Auch überwog noch lange die vergleichsweise material- und damit kostengünstigere Fachwerkbauweise. Unter weitgehendem Verzicht auf sonstigen baukünstlerischen Schmuck können sich derartige Gebäude aber durchaus als stattliche, gut proportionierte und zumeist zweigeschossige Baukörper mit nur leicht betonten Mittelachsen darstellen, so die Herrenhäuser Zühr (um 1740) und Galenbeck.

Der ländlichen Bautätigkeit ungeachtet sind auf fürstliches Betreiben auch die Residenzen erweitert, ja neu angelegt worden. Freilich, mit den großen süddeutschen Architekturleistungen können sich diese Bauvorhaben nur bedingt messen – dazu fehlten einfach die Voraussetzungen. Und in Pommern stand nach dem Erlöschen des Greifengeschlechts eine solche Bauaufgabe ohnehin nicht mehr zur Diskussion. Bedeutendes blieb im 17. Jahrhundert auf halbem Wege liegen – so der Ausbau Güstrows zu einer „Barock-Residenz".

Nach der letzten großen Landesteilung 1701 entstanden mit den beiden neu begründeten Residenzstädten Neustrelitz (seit 1726) und Ludwigslust (seit 1756-58) Ensembleleistungen von Rang. Beiden Ortsgefügen liegen Idealplanungen zugrunde. In typisch barocker Regelmäßigkeit wird die innerstädtische Bebauung in Neustrelitz über einem sternförmigen Grundriss entwickelt. Ähnliches in Ludwigslust, wo optisch aber von vornherein an eine Verknüpfung von Schlossbezirk und Stadtraum

Schloss Ludwigslust
An der Wende vom Barock zum Klassizismus

gedacht war: Hier stoßen die Hauptachsen beider Areale tangential aneinander. Trotz späterer Überformung haben sich in den Parkanlagen beider Residenzen eine Reihe von typischen Gestaltungselementen der ursprünglichen Barockgärten erhalten, so in Neustrelitz die Bildwerke der „Götterallee“ und in Ludwigslust die bekannte Kaskade (1775) und andere Wasserspiele.

Rokokoformen, wie am Außenbau des Röckwitzer Herrenhauses (1777), stellen eine ausgesprochene Rarität dar. Im Grunde bleiben sie auf Raumdekorationen beschränkt. Köstliche Gestaltungen haben sich in Mirow – hier geschult am Vorbild des friderizianischen Rokokos – sowie in Ludwigslust, Prebberede und der Gutskapelle zu Diekhof erhalten. Auch der Zopfstil, dessen gestraffte Formensprache Übergänge zum Klassizismus vermittelt, fand hier im Nordosten kaum Verbreitung. Sein baukünstlerisches Vokabular lässt sich in Hohenzieritz an der Schlossfassade (Umbau 1790) und recht überzeugend an den Stuckaturen im Festsaal des ansonsten noch völlig barock tradierten Schlosses Vietgest ablesen.

Noch deutlicher, einem Paradebeispiel gleich, präsentiert das nach Plänen von Johann Joachim Busch errichtete Ludwigsluster Residenzschloss (1772-76) den Wandel im damaligen Architekturschaffen. Nach Struktur und Raumempfinden nährt sich das Bauwerk unverkennbar aus dem Barock, aber seine kompakte Körperhaftigkeit und strenge Fassadengliederung deuten bereits auf künstlerische Positionen des Klassizismus.

So gesehen hatte das barocke Bauschaffen – beeinflusst auch durch wirtschaftliche Krisen – seinen Zenit im letzten Drittel des 18. Jahrhunderts schon überschritten, selbst wenn tradierte Formvorstellungen noch eine Zeit lang umgesetzt wurden. Als gebräuchlicher Typ hatte sich bis dahin die einheitliche, in strenger Symmetrie um die Hauptachse gruppierte Gutsanlage mit dem Herrenhaus als architektonischem, da inhaltlichem Höhepunkt herausgebildet. In seiner Grundstruktur sollte dieser Bautyp sich in der Folgezeit weiterhin bewähren. Elemente barocker Formensprache wie Fassadengliederung und hohes, abgewalmtes Mansarddach bleiben bis kurz nach 1800 nachweisbar, so in Groß Kussewitz (1805) und Ravensruh (1806), doch ist eine Formverfestigung unübersehbar. Der Plan zu einer Dreiflügelanlage ist noch einmal bei der Neuordnung der Schönfelder Gutsflur um 1817 in Erwägung gezogen worden, blieb aber unausgeführt. Letztmalig wurde dieses Thema 1826 in Neuhof beim Umbau eines älteren, barock überformten Kernbaus aufgegriffen. Gleichzeitig hierzu waren aber bereits Herrenhäuser entstanden, die sich klassizistischem Formgefühl verpflichtet zeigen: Blücherhof, Pinnow, Fincken (1801) Cramon (1804), Wedendorf (Umbau 1805-10), Burg Schlitz (Bauplan 1806, modifizierte Ausführung ab 1812) und Penzlin (1808-13).

Die Architekturentwicklung vollzog sich also nicht abrupt. Feststellbar ist vielmehr, dass einige nordostdeutsche Gutsanlagen des ausgehenden 18. Jahrhunderts bereits tendenziell ein räumlich-gestalterisches Ordnungsprinzip erkennen lassen, das sich später im Städtebau voll entfalten sollte: die Orientierung auf eindeutige Funktionsbestimmungen von Raumgruppen. Für anspruchsvollere ländliche Bauvorhaben ergab sich hieraus eine Trennung von Wohn- und Arbeitsbereich innerhalb der Gutsanlage wie im Einzelgebäude selbst. Als regionale Beispiele dieser durchaus europäisch auftretenden Erscheinung lassen sich Bellin und Dreilützow, aber auch Diekhof und Prebberede anführen, wo die Unterscheidung in mehr repräsentativ interpretierten Ehrenhof und beigeordneten, baulich geschickt abgesetzten Wirtschaftsteil architektonisch überzeugend gelungen ist. Im Prebbereder Herrenhaus zeigt sich die neuartige Auffassung zudem in den Querkorridoren, die unabhängig von der beibehaltenen Enfilade jeden einzelnen Raum gesondert zugänglich machen. Noch deutlicher tritt diese Tendenz in Ivenack zu Tage. Barocker Reminiszenzen ungeachtet, nimmt hier die räumliche Abfolge von Katenzeile, gesondertem Gutshof und hierarchisch gestaffeltem Schlossensemble bereits etwas von späterer Entwicklung vorweg. Ähnliches trifft auch für Bothmer zu, wo Schloss und Wirtschaftsbereich (Hofzumfelde) funktionell voneinander abgesetzt sind.

Heimisch wurde der Klassizismus in Mecklenburg und Pommern erst nach 1800. Zwar hatte es zuvor nicht an tastenden Orientierungen gefehlt, doch verbindlich wurden schließlich die künstlerischen Leitbilder der Berliner Bauschule, dem benachbarten Zentrum damaliger Architekturdiskussion von überregionaler Bedeutung. Das Auftreten spezifischer Details wie Bogennische, Blendbogen oder dreiteilige Tür-Fenster-Gruppe mit bekrönendem Lünettenfenster – so erhalten bei den Herrenhäusern Fincken und Gotthun (1827), Nustrow (1830), Repnitz bzw. Rustow (um 1810) und Kuntzow (1822) – belegt jene Vorbildwirkung. Auch die Fassadengliederung vom Herrenhaus Schorssow (Umbau 1808) – hier betonen arkadenartig eingeschnittene Blendbögen die Körperhaftigkeit der Wand – speist sich aus dieser künstlerischen Quelle. Zur Verbreitung trugen ihre relativ festen und vor allem erlernbaren Gestaltungsprinzipien bei, befähigten sie doch selbst namenlos gebliebene Handwerksmeister zu durchaus überzeugenden Bauleistungen.

Dennoch sind im Einzelfall natürlich auch Architekten von Rang mit der Ausführung von Herrenhäusern beauftragt worden. Der Anteil des hoch begabten Heinrich Gentz am Mitteltrakt von Burg Schlitz (vor 1806) lässt sich nur erahnen. Es sind hier Ideen verwirklicht, die entfernt Anregungen aus der französischen

Burg Schlitz
Der Park vermittelt einen Ausflug in die Goethezeit

Revolutionsarchitektur erkennen lassen und an Vorstellungen erinnern, die seit Friedrich Gillys epochalen Entwürfen zu einem Nationaltheater den Formenschatz der Berliner Bauschule bereichert haben. Carl Theodor Severin, einem Schüler von Carl Gotthard Langhans und David Gilly, sind mit Sicherheit die Herrenhäuser Körchow (1822), Rosenhagen (um1820-30) und Nustrow zuzuschreiben.

Martin Friedrich Rabe, ein langjähriger Gehilfe vom älteren Gilly sowie Gentz, leitete den Umbau von Wedendorf. Die gekonnte Vereinheitlichung des Baukörpers und geschickte Fassadengliederung, mehr noch die funktionelle Neuordnung der Raumdisposition – so das Treppenhaus, die Korridore, wie der aus dem Gebäudeverband völlig herausgelöste Küchen- und Wirtschaftstrakt – sichern diesem Bauwerk trotz späterer Einbußen seinen Rang in der regionalen Architekturgeschichte.

Nach Entwürfen von Joseph Christian Lillie, einem in Kopenhagen ausgebildeten Baumeister, entstanden die Herrenhäuser Schönfeld (1820), Lehsen (1822) und Pritzier (um 1820-25). Mit ihrem Portikus bestechen die beiden erst genannten Bauten durch ihren plastischen Akzent. Hierin kündigt sich bereits etwas von der Schmuckfreude des Spätklassizismus an, für den das reich ausgemalte Passower Herrenhaus steht.

Schließlich ist Cramon zu nennen, ein Werk des in Hamburg einst hoch geschätzten, ebenfalls aus Kopenhagen stammenden Christian Frederik Hansen. Zu Unrecht kaum bekannt, ähnelt dieses Herrenhaus den von Hansen entworfenen Villen der Elbvororte. Seine Entstehung verdankt das villenartige Gebäude dem seit Ende des 18. Jahrhunderts einsetzenden Zuzug großbürgerlicher Familien auf das Land, die sich hier als Gutsbesitzer niederließen. Diese Entwicklung führte schließlich zu einem tief greifenden Wandel in der Eigentümerstruktur, so dass bereits um 1850 die Hälfte aller mecklenburgischen Güter in bürgerlicher Hand waren.

Unter den Gutsanlagen des Klassizismus steht diejenige von Burg Schlitz einzig da. Nachdem seit 1791 die Sanierung des vordem maroden Agrarbetriebes vorangetrieben worden war, konnte ab 1806 bzw. 1812 an die Bauausführung des herrschaftlichen Wohnkomplexes gedacht werden. Der dazugehörige ca. 60 Hektar große Landschaftspark enthielt ursprünglich 36 Denkmäler und Staffagebauten, deren Sinngehalt in später Nachfolge vom Dessau-Wörlitzer Gartenreich steht. Zusammen mit den einstigen Sammlungen und eingedenk der aufklärerisch geprägten Maximen des Bauherrn, war hier über Jahrzehnte hinweg ein Gesamtkunstwerk entstanden, das aufs Neue entdeckt sein will.

Als fürstliche Auftragswerke entstanden die Wohn- und Gesellschaftsbauten der Sommerresidenz von Doberan-Heiligendamm, für die seit 1801 Severin der leitende Baumeister war. Dem Vorbild von Doberan-Heiligendamm folgend, ließ Fürst Malte von Putbus nach seiner Standeserhöhung den gleichnamigen Ort Putbus zusammen mit dem Fischerdorf Lauterbach ab 1808 zu seiner Residenz, der jüngsten in Deutschland, ausbauen. In beiden Fällen entstanden Architekturensembles von Rang, die sich durch vergleichbare räumlich-funktionelle Ordnungsprinzipien – Verknüpfung von Fürstensitz und Badeort – auszeichnen. Typisch für jene Siedlungsbilder sind Straßen und Platzräume mit locker gruppierten, architektonisch individualisierten Bauten, die aber kompositorisch durch vermittelnde Grünanlagen zusammengehalten werden.

Neben solchen herausragenden Beispielen ländlicher und fürstlicher Baukultur überwiegen natürlich die wesentlich bescheideneren Herrenhäuser und Gutsanlagen. Manches von dem ging in späteren Umbauten auf, anderes ist inzwischen verwahrlost, galt baugeschichtlich als uninteressant. Aber nur die Vielfalt aller, in ihrem architektonischen Anspruch so unterschiedlichen Landsitze prägt das Bild einer historischen Kulturlandschaft.

Die Baumeister der klassizistischen Herrenhäuser sahen sich vor die Aufgabe gestellt, Kosten und Material sparend zu bauen, ohne ästhetische Grundsätze zu vernachlässigen. Kosten, Nutzen und Schönheit mussten bei jeder Bauaufgabe miteinander korrelieren. Ein Architekturverständnis also, das sich auch in der bewussten Hinwendung zur Backsteinbauweise selbst bei repräsentativeren Gebäuden gezeigt hat, wie die zeitgleichen Bemühungen Karl Friedrich Schinkels und anderer belegen. Insofern überrascht es nicht, bei einer Reihe um 1820-30 und später errichteter Herrenhäuser auf dieses Material zu stoßen. Nach dem Baudekor sind bei solchen Bauten zwei künstlerische Auffassungen zu beobachten. Einerseits wird der Backstein, wenngleich formvergröbert, dem bekannten architektonischen Vokabular des Klassizismus unterworfen, so die Beispiele Groß Viegeln und Appelhagen (1829). Die zweite Gruppe – die Herrenhäuser Rambow und Langhagen – weist eine merkwürdig „moderne" Formensprache auf, die jegliches Antikisieren vermissen lässt, ja auf spätere Architekturentwicklung zu weisen scheint.

Unter dem Aspekt der Materialökonomie verlor die Fachwerkbauweise nie an Aktualität, blieb aber – da wenig repräsentativ – überwiegend den Wirtschafts- und Nutzbauten vorbehalten. Als Sonderform fanden im ersten Drittel des 19. Jahrhunderts zu Wirtschafts- wie Wohnzwecken nutzbare Rundbauten eine gewisse Verbreitung. Sie galten – englischen Anregungen folgend und propagiert durch die damalige Agrarwissenschaft – als besonders kostengünstige und rationell nutzbare Bauten und entstanden ausnahmslos im Zusammenhang mit groß angelegten Modernisierungen von Gutsbetrieben. Die inzwischen selten gewordenen, zudem später veränderten Beispiele in Fincken, Großen Luckow und Hof Mummendorf stellen agrargeschichtliche Baudenkmale von Rang dar.

Es fragt sich nun, ob die Gestaltungsprinzipien des Klassizismus auch die Raumordnungen der Gutsanlagen geprägt haben. Obwohl die traditionelle Rechteckform der Gutshöfe weiterhin dominieren sollte, hatten sich bei größeren Anlagen ja bereits seit dem Ende des 18. Jahrhunderts funktionellen Gesichtspunkten folgende Ordnungsprinzipien herausgebildet, die nun weitere Ausprägung fanden. Angeregt durch Raumvorstellungen des englischen Landschaftsgartens entstanden auf Ensemblewirkung abzielende Gutsanlagen, die durch Sichtachsen, Alleen und punktuell beigeordnete Nutzbauten und Vorwerke weitläufig mit der freien Natur verklammert waren. Als spätem Beispiel einer solchen räumlich-gestalterischen Verknüpfung gebührt der Besitzung Weitendorf-Kaarz Beachtung, wo nach 1872 Gutshof und repräsentativer Wohnsitz unter agrarwirtschaftlichen, verkehrstechnischen und landschaftsgestalterischen Kriterien zu einer Einheit ausgebaut wurden. Seine „klassische" Ausprägung fand dieses Prinzip freilich in Karstorf - Burg Schlitz, lässt sich aber auch in Wedendorf nachvollziehen. Die mit der klassizistischen Architekturentwicklung verwobenen Rationalisierungsvorstellungen führten selbst zu solchen Überlegungen, dass über einem fächerartigen Grundriss angelegte Gutsbetriebe effektiver zu bewirtschaften seien als solche mit herkömmlicher Hofform, zu sehen beispielsweise in Wessin und Bömitz.

Alles dies berechtigt schließlich zu der Feststellung, dass klassizistische Architekturformen und Ordnungsprinzipien selbst auf so spezifische Bauaufgaben wie Gutsanlagen, Herrenhäuser und Residenzen Einfluss erlangt haben – Bauten, die bis heute in nicht unerheblichem Maße das Erscheinungsbild dieses Baustils im Nordosten bestimmen. Um 1850 waren die formal-gestalterischen Möglichkeiten des Klassizismus erschöpft. Wiederum vollzog sich der Umbruch zur historistischen Architektursprache der zweiten Jahrhunderthälfte nicht abrupt. Vielmehr folgt der Vanselower Daniel-Bau (1871) noch einmal spätklassizistischen Formvorstellungen bzw. waren tudorgotische Baumotive schon relativ früh aufgetreten, so etwa beim Durchbau von Schloss Basedow (1837) und den neu ausgeführten Herrenhäusern Schlemmin (1846) und Charlottenthal (1843). Es waren Auftragswerke der Berliner Architekten Friedrich August Stüler und Eduard Knoblauch sowie des Mecklenburgers Theodor Krüger, der seinen späteren künstlerischen Ruhm als Kirchenbaumeister des Schweriner Großherzogtums begründen sollte. Basedow stellt etwas Besonderes dar, weil hier gleichzeitig nicht nur das gesamte Ortsbild in tudorgotischen Formen umgestaltet, sondern das Gutsdorf in seiner räumlich-funktionellen Struktur so überarbeitet wurde, dass die Idee einer „Ornamented Farm" – geschmücktes Landgut – in großartiger Weise verwirklicht worden ist. Ausgedehnte Parkanlagen, die übrigens auf Entwürfe von Peter Joseph Lenné zurückgehen, verknüpfen die locker gruppierten Bauten und Funktionsbereiche zu einer in sich geschlos-

Schloss Basedow
Reine Architekturmotive der Tudorgotik und Neorenaissance

senen Siedlung, deren Weichbild fließend in die freie Landschaft übergeht.

Auf die komplizierte Architekturdiskussion seit Mitte des 19. Jahrhunderts und die vergebliche Suche nach einem zeitgemäßen „Stil" kann hier nur verwiesen werden. In den Sog der beginnenden Industrialisierung geraten und damit gezwungen, sich mit grundlegenden wissenschaftlich-technischen, ökonomischen wie sozialen Veränderungen auseinander zu setzen, zeigte sich das Baugeschehen fortan durch einen Widerspruch geprägt: dem Festhalten an historischen Formvorstellungen einerseits und einem Reagieren auf jene neuartigen Bedingungen andererseits. Vereinfacht gesagt, für die reale Bauaufgabe leitete sich hieraus ein mit Elementen von Neogotik, Neorenaissance oder Neobarock bekleidetes Architekturwerk ab, wenn es sich etwa um repräsentative Bauvorhaben handelte, während die mehr und mehr vom historischen Dekor entkleideten Nutzbauten auf material- und zweckgerechte Bauformen reduziert wurden. Vor diesem Hintergrund ist die Baugeschichte des Schweriner Schlosses (1843-57), einem der bedeutendsten Bauwerke des Historismus in Deutschland, ebenso zu sehen wie die großzügige Neuordnung von Gutsanlagen.

In seiner romantischen Großartigkeit wird der Schweriner Fürstensitz gerne mit einem Märchenschloss verglichen. Seine Insellage und damit Korrespondenz zur Seenlandschaft sowie die räumlich-gestalterische Verbindung zu Schlosspark und Residenzstadt mit ihren nächstgelegenen Repräsentationsbauten am „Alten Garten" verleihen dem Gesamtensemble ein Flair, das an kühnste Architekturphantasien zeitgenössischer Künstler erinnert. Der stark zergliederte Schlosskomplex zusammen mit seinen immer noch bemerkenswerten Innendekorationen erweckt – völlig beabsichtigt – den Eindruck eines scheinbar historisch gewachsenen Renaissancebaus. Stilistisch orientieren sich die einzelnen Trakte an so heterogenen Elementen wie den Loire-Schlössern und mecklenburgischen Johann-Albrecht-Bauten sowie Piloots einstigen Umbauplänen, ganz abgesehen vom neogotischen Chor-Anbau der Schlosskapelle. Programmatisch erweist sich das Bauensemble – ausgeführt nach Plänen von Georg Adolph Demmler, Hermann Willebrand, Stüler sowie beraten durch Gottfried Semper – als ein Bilderbuch, das mit Architek-

SCHLOSS SCHWERIN
Märchenschloss in Insellage

turzitaten die jahrhundertealte Verknüpfung zwischen Land und Fürstenhaus und damals angestrebter Staatsidee illustriert.

Renaissanceformen erfreuten sich ferner bei repräsentativen Landsitzen großer Beliebtheit. Landschaftsgestalterisch geschickt eingebunden, können solche Architekturkompositionen außerordentlich stimmungsvoll wirken, ja faszinieren wie Klink (1897/98) oder Ralswiek (1893/94). Aber auch in Bernstorf (1879-82), ein Bau von Georg Daniel, und Groß Lüsewitz (1897) haben sich ansehnliche Beispiele erhalten.

Im Gegensatz dazu lassen die zur gleichen Zeit errichteten ländlichen Verwaltungsbauten und Wirtschaftsanlagen aufwändigen Baudekor vermissen. Dennoch bleibt aber die Ensemblewirkung unübersehbar, ist allen Gebäuden doch eine sorgfältige bautechnische Ausführung und ausgewogene Proportionierung gemeinsam. Als treffliches Beispiel solcher Wirtschaftshöfe gilt Göhren/Strelitz, selbst wenn das Herrenhaus als kriegsbedingter Verlust zu beklagen ist. Trotz späterer Eingriffe blieben auch in Dalwitz und Vanselow ähnliche Raumeindrücke gewahrt. Aus diesem Architekturverständnis fallen die leider viel zu wenig beachteten Bristower Wirtschaftsbauten völlig heraus. Hier waren in handwerklich vorzüglicher Ausführung eine Reihe von Gutsbauten entstanden, deren Volutengiebel sich stilistisch recht eng an den Renaissanceformen der 1597 fertig gestellten Dorfkirche orientieren.

Die bunte architektonische Vielfalt der Herrenhäuser in Mecklenburg-Vorpommern wird – so viel lässt sich sagen – ganz entscheidend durch die Formensprache des Historismus geprägt, so dass sich eine Entdeckungsreise zu weniger Bekanntem allemal lohnt. Auf einen der damaligen Architekten sei aber besonders hingewiesen, den Schinkelschüler Friedrich Hitzig. Seine in Mecklenburg-Vorpommern erhaltenen Bauwerke, die Schlösser Bredenfelde (1855), Kartlow (1853-58), Kittendorf (1848-53) und Neetzow (1848-51) gleichen Prismen, in denen sich die Kunstvorstellungen des Historismus beispielhaft brechen. Es sind vielgliedrig gestaffelte, über einem asymmetrischen Grundriss errichtete Anlagen, deren Erscheinungsbild wesentlich durch

Türme mitbestimmt wird. Das Anknüpfen an die Romantik mittelalterlicher Burgen und englischer Landsitze bleibt dabei unübersehbar. Ein Eindruck, der durch umfangreiche Parkanlagen, denen in Bredenfelde und Kartlow sogar Entwürfe Lennés zugrunde liegen, nur noch unterstrichen werden konnte.

Neue gestalterische Möglichkeiten ergaben sich erst nach 1890, als die bisherige Bindung an historische Stile aufzubrechen begann. Was das ländliche Bauaufkommen anbelangt, sollten sich nun dem Historismus künstlerische Auffassungen des Jugendstils, Positionen des Heimatstils und gelegentlich Vorstellungen der am norddeutschen Backsteinbau orientierten Reformarchitektur beiordnen. Selbst jene Baugesinnung, die aus Formvorstellungen des „wieder entdeckten" Klassizismus schöpfte, hinterließ baukünstlerische Spuren. Das Neben- und Miteinander so unterschiedlicher Konzeptionen bereichert das architektonische Gesamtbild der Zeit unmittelbar nach der Jahrhundertwende außerordentlich, wie die Beispiele Klein Kubbelkow (1908) und Libnitz (1912) auf Rügen bzw. Damshagen (1913/14) belegen. 1928 wurde das abgebrannte Herrenhaus Gremmelin wieder errichtet, das trotz seiner Anlehnung an den klassizierenden Vorgängerbau im Detail die Bekanntschaft mit Elementen der gemäßigten „Moderne" nicht verleugnet.

Es sind die Bauten des einst in Mecklenburg und Pommern sehr gefragten Paul Korff, die recht anschaulich damalige Reformbestrebungen im architektonischen Schaffen dokumentieren. Stilistisch aus den Quellen von Jugendstil, purifiziertem Neobarock sowie Heimatstil genährt, entstanden nach seinen Plänen nicht nur eine Reihe so vornehm verhaltener Herrenhäuser wie das zu Hasenwinkel (1911/12), sondern auch eine erstaunliche Anzahl von landwirtschaftlichen Nutzbauten, komplette Gutsanlagen wie in Wendorf/Crivitz (1906) und Badow (1913/14). Bei allen diesen Bauvorhaben wurde auf modernen technischen Komfort sehr viel Wert gelegt, und bei den Wohnbauten fand die zweigeschossige Halle als funktioneller Mittelpunkt des Hauses stets ein besonderes künstlerisches Augenmerk. Den reformerischen Auffassungen gemäß, galten auf die jeweilige Bauaufgabe abgestimmte Garten- und Parkgestaltungen als unverzichtbar und sind deshalb ungemein sorgfältig ausgeführt worden.

Historische Gutsanlagen zeichneten sich auch in Mecklenburg-Vorpommern durch ihre Ensemblewirkung aus. Es handelte sich dabei um agrarische Großbetriebe mit weiträumigen land- und forstwirtschaftlich genutzten Flächen, die einst durch ein Netz von Alleen – auch Sichtachsen – landschaftsgestalterisch miteinander verknüpft waren. Ihre baulichen Zeugen zählen zu wichtigen Baudenkmalen der Region. Deshalb sollten neben den Herrenhäusern mit ihren gelegentlich noch erhaltenen Parkanlagen auch die inzwischen substanzgefährdeten Strukturen und Einzelbauten jener Wirtschaftsanlagen einschließlich Gutshof Aufmerksamkeit finden.

An das Herrenhaus angrenzende Parkanlagen blieben der Privatsphäre der Gutsherrschaft vorbehalten. Lediglich der Park von Burg Schlitz war Dank der aufklärerischen Haltung des Auftraggebers Hans Graf v. Schlitz frei zugänglich. Trotz erheblicher Einbußen seit 1945 lässt die Breite gartenkünstlerischer Leistungen erstaunen. Nach alten Vorlagen wurde der Renaissancegarten von Schloss Güstrow rekonstruiert (1973-76). In Teilen haben sich Zeugen barocker Gartenkunst in Schwerin, Ludwigslust, Neustrelitz, Remplin, Vietgest (rekonstruiert) und Diekhof erhalten. Die Gartenschöpfungen des 19. Jahrhunderts folgen dem Ideal des englischen Landschaftsparks. Wiederum sind die fürstlichen Gärten in den einstigen Residenzen zu nennen, nicht zu vergessen die Parkanlagen von Putbus und Hohenzieritz mit ihren raumgreifenden Bezügen zur natürlichen Landschaft. Weitere interessante Parks mit teilweise seltenem Baumbestand haben sich in Dammereez (um 1800-30) und – einem Arboretum vergleichbar – in Blücherhof (um 1904) erhalten. Die bedeutendsten Parkanlagen in Mecklenburg-Vorpommern tragen die Handschrift von Peter Josef Lenné, wobei der Umfang seiner Arbeiten in dieser Region nicht mit Sicherheit zu ermitteln ist. Als Planer und Berater lässt er sich hier zwischen 1825 und 1860 mehrfach nachweisen.

Auch auf stilistisch interessante bzw. selten gewordene Wirtschaftsbauten sollte verwiesen werden. Als historische Arbeitsstätten gestatten sie Rückschlüsse auf betriebliche Strukturen ehemaliger Gutsbetriebe. Aufwändige Kleinviehhäuser haben sich in Bristow (1891) und Blücherhof (um 1904) erhalten. Marställe gehören zu den Gutsanlagen in Ivenack (18. Jahrhundert) und Basedow (1835-38), der hier als großartiger Putzbau in spätklassizistischer Formensprache das Ortsbild mitprägt. Orangerien zählen in Schwerin, Neustrelitz und Putbus zu Ensemble der einstigen fürstlichen Residenzen, treten vereinzelt aber auch bei Landsitzen des Adels auf, so in Ivenack (18. Jahrhundert) und Basedow (19. Jahrhundert). Gutsschmieden entziehen sich dem aufmerksamen Besucher keineswegs, wobei gerade die im frühen 19. Jahrhundert in antikisierenden Formen errichteten kleinen Bauwerke in Karstorf/Burg Schlitz, Hohenzieritz, Reez und Groß Grabow bei Güstrow die bekanntesten ihrer Art sind. Architektonischen Ansprüchen genügende Wirtschaftsgebäude wie Scheunen oder Speicher hatten betrieblichen Erfordernissen Rechnung zu tragen und widerspiegeln recht deutlich den jeweiligen Stand zeitgenössischen Agrarwesens. Als baukünstlerische Rarität ist in Gustävel die in neoromanischen Architekturformen errichtete Stallung sehenswert. Die in knappen, modernen Bauformen errichteten Speicher in Lanckensburg/Rügen (1912) und Kleefeld bei Schwerin (um 1930) überzeugen durch ihre Funktionalität. Katenzeilen sind typisch für ehemalige Gutsdörfer. Als normierte, in Fachwerk- oder Massivbauweise ausgeführte Einheitsbauten zur Unterbringung der Landarbeiterfamilien waren sie seit dem 19. Jahrhundert nicht nur unter ökonomischem, sondern auch sozialem und hygienischem Aspekt von Interesse. Ein nennenswertes Einzelbeispiel aus der Zeit um 1830 hat sich in Hof Mummendorf erhalten, wo ein Rundhaus vier Tagelöhnerfamilien Wohnraum bot. Intensivierungsmaßnamen in der Landwirtschaft ließen so genannte Schnitterkasernen aufkommen, eine Massenunterkunft für Saisonkräfte. In Alt Schwerin wird ein solcher Bau heute als agrargeschichtliches Museum genutzt. Aus dieser Zeit stammt auch die durchaus bemerkenswerte Katenzeile in Gustävel, die sich stilistisch am städtischen Wohnungsbau für Industriearbeiter orientiert.

Nach dem Ende des Ersten Weltkrieges änderte sich die Auftragslage auch im ländlichen Baugeschehen – Weltwirtschaftskrise und dann die angespannten dreißiger Jahre boten keine Voraussetzungen mehr zur Ausführung von größeren Bauvorhaben. Zum vollständigen Traditionsabbruch führte schließlich der Zweite Weltkrieg, mit dem sich auch die Situation der Schlösser, Herrenhäuser und Gutsanlagen abrupt ändern sollte. Die Landwirtschaft war hier wie überall östlich der innerdeutschen Grenzziehung im Verlauf weniger Jahrzehnte drei tief greifenden Strukturveränderungen unterworfen – so die rigorose Bodenreform von 1945, dann die Kollektivierung seit 1952 und nun die gravierende Umstrukturierung seit 1990.

Auch die Gutsanlagen erlitten seit 1945 empfindliche Substanzverluste. Wurden sie jüngst noch mit Bauten belegt, die den Ansprüchen an eine industriell betriebene Feld- und Viehwirtschaft genügen mussten, scheint nun eine Weiter- oder Umnutzung von historischen Wirtschaftsbauten unter den Bedingungen moderner Landwirtschaftsmethoden nahezu ausgeschlossen.

Überhaupt entsteht der Eindruck, dass kurzsichtige Vermarktungskampagnen den baulichen und strukturellen Altbestand gefährden, was aber letztlich einem Verlust von charakteristischen Zeugnissen der Landesgeschichte gleichkommt. Desto mehr wiegen also solche Beispiele, wo diese Baudenkmale durch behutsame Nutzungskonzeptionen für die Zukunft bewahrt bleiben: Herrenhäuser, die sich dem sanften Tourismus öffnen, sich nach denkmalgerechter Sanierung zu Wohnzwecken empfehlen oder als Hort der Musen bei Kunstfreunden und Musikliebhabern inzwischen eine Adresse sind und dem dörflichen Siedlungsbild wieder individuelle Akzente verleihen. Das zu erkennen ist eine wichtige Voraussetzung für die Akzeptanz und damit den Umgang mit noch erhaltenen Herrenhäusern und Gutsanlagen, die in ihrer Summe aus Vielzahl und Vielgestalt ein prägendes Element der Kulturlandschaft Mecklenburg-Vorpommern darstellen.

MECKLENBURG – ZWISCHEN OSTSEE UND ELBE

OSTSEE
Mecklenburger Bucht
Lübecker Bucht
Grömitz
Eutin
NEUSTADT i.Holstein
Ahrensbök
Timmendorfer Strand
Ratekau
BAD SCHWARTAU
LÜBECK
Stockelsdorf
Selmsdorf
DASSOW
Lüdersdorf
Schönberg
Groß Grönau
Ostseebad Boltenhagen
Insel Poel
Wustrow
Wismarbucht
Grundshagen
Kalkhorst
Rosenhagen
1 Klütz
Schloss Bothmer
Pötenitz
Wilmstorf
Tankenhagen
Damshagen
Rolofshagen
Moor-
Prieschendorf
Mallentin
Warnow
Alt Jassewitz
Gramkow
Gägelow
Wismar
Barnekow
Malzow
Blüssen
Kirch Mummendorf
Grevesmühlen
Plüschow
Bernstorf
Burgwall Michel
Dorf Mecklenburg
Bobitz
Jeese
Upahl
Testorf
Rüting
Harmshagen
Torisdorf
Wedendorf
3
Rehna
Botelsdorf
Mühlen Eichsen
Alt Meteln
Zickhusen
Bad Kleinen
9 Wiligrad
Lübsdorf
Schlagsdorf
Klocksdorf
Mechow
Stresdorf
Dalberg-Wendelstorf
Schönfeld
Meetzen
Böken
Niemark
Seehof
Schweriner See
Ratzeburg
Ziethen
Roggendorf
2 Schloss Gadebusch
Drieberg
Pingelshagen
Brüsewitz
Groß Salitz
Wakenstädt
Krembz
Pokrent
Lützow
Groß Brütz
7 Schloss Schwerin
Mölln
Badow
Klein Welzin
Grambow
Groß Rogahn
Freilichtmuseum Schwerin-Mueß
Lassahn
Söhring
Woez
Dümmerstück Hof
Neuhof
Döbbersen
Zülow
Stralendorf
Raguth
Dümmer
Walsmühlen
Pampow
Boissow
Gudow
Zarrentin
Dreilützow
Kothendorf
Lüttow
Bantin
Schossin
Warsow
24
241
Vallun
Hülseburg
WITTENBURG
Gammelin
Sülsdorf
Alt Zachun
Hoort
Bandenitz
Lübesse
Uelitz
Gallin
Kogel
4 Lehsen
Bobzin
Greven
Rastow
Camin
Bennin
Körchow
Fahrbinde
Groß Bengerstorf
Rodenwalde
HAGENOW
Moraas
Zweedorf
Gresse
Toddin
Lüblow
Kloddram
Banzin
Vellahn
Setzin
Steegen
Strohkirchen
Nostorf
Wiebendorf
Tessin
Pätow-
Kuhstorf
Jasnitz
Dersenow
Dammereez
Pritzier
Warlitz
Landgestüt Redefin
Lauenburg
Boizenburg
Brahlsdorf
Blücher
Gößlow
Groß Krams
Picher
Warlow
5
Besitz
Belsch
Kummer
Schloss Ludwigslust
Teldau
Alt Krenzin
Lübbendorf
Garlitz
Loosen
Göhlen
Elbe
Glaisin
Jessenitz
Bresegard
Grebs
Vielank
Niendorf
Eldena
Tewswoos
Malliß
Woosmer
Festung Dömitz
Neu Kaliß
Alt Kaliß
Rostock
Mecklenburg Vorpommern

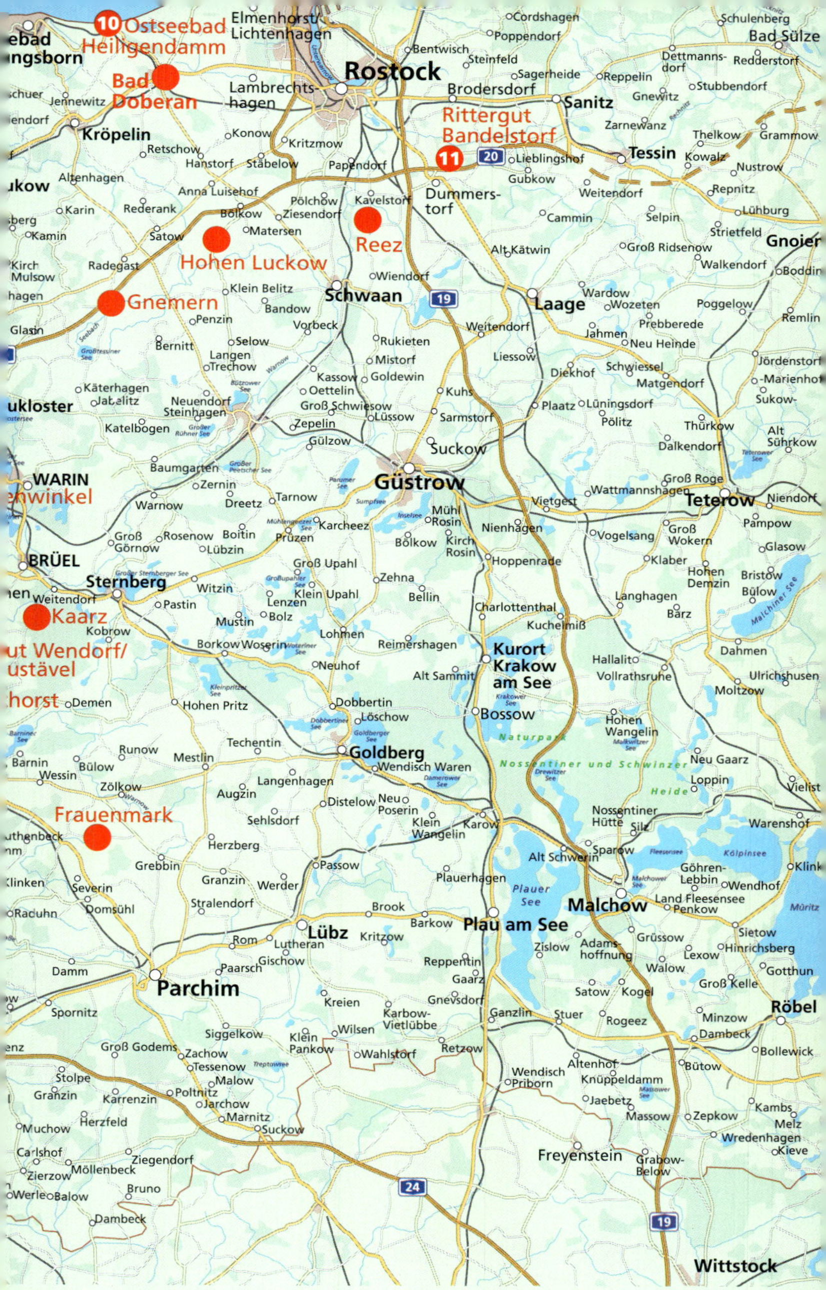

Zwischen Ostsee und Elbe

Schloss Bothmer

Ein bewusst inszeniertes Kunstwerk mit dem Schloss als Mittelpunkt

1 SCHLOSS BOTHMER KLÜTZ

Schloss Bothmer (1726-32) zählt zu den Perlen norddeutscher Barockkunst, denn die prächtige Anlage sucht ihresgleichen nicht nur in Mecklenburg. Direkte Vorbilder lassen sich für dieses vielteilige Ensemble nicht benennen; und der oft genannte Verweis auf Blenheim Palace bei Woodstock (1705-25) ist falsch. Unübersehbar deutet aber eine Reihe garten- und landschaftsgestalterischer sowie architektonischer Details auf Anregungen durch niederländische und englische Herrensitze der Zeit um 1700 hin.

Weitreichende Vorgaben des Bauherrn selbst, des Grafen Hans Caspar v. Bothmer (1656-1732), sind nahe liegend. Langjährige diplomatische Missionen hatten den Gesandten v. Bothmer, durch dessen engagiertes Handeln übrigens das Haus Hannover auf den vakant gewordenen britischen Thron gelangt war (1714), an die Höfe zu Den Haag und London geführt. Aber auch Johann Friedrich Künnecke († 1738), dem verantwortlichen Architekten, muss die Baugesinnung seines Auftraggebers geläufig gewesen sein. So entstand unter geschickter Einbeziehung von natürlichen Gegebenheiten ein bewusst inszeniertes Kunstwerk mit dem Schloss als Mittelpunkt. Mit der Bauausführung und Innengestaltung waren namhafte Künstler beauftragt. So dürfte der spätere hannoversche Hofbaumeister Heumann für die meisterlichen Paneele und andere Tischlerarbeiten verantwortlich gewesen sein. Und die italienischen Stuckateure Mogia und Maini haben die bemerkenswerten plastischen Dekorationen geschaffen.

Der Weg, der in annähernder Nord-Süd-Richtung vom Vorwerk Hofzumfelde gen Herrensitz verläuft, stellt zugleich auch die Hauptachse der Anlage dar. Er erschließt bis heute den Zusammenhang von Landschaftsraum sowie Bau- und Gartenkunst. In raffinierter Ausnutzung des natürlichen Bodenprofils eröffnet diese Zufahrt, die übrigens von der berühmten Festonallee flankiert wird, zunächst nur teilweise, dann aber gänzlich den Blick auf den lang gestreckten, rhythmisch gegliederten Gebäudekomplex. Trotz erstaunlicher Ausmaße – der Ehrenhof

Schloss Bothmer
Eine Perle barocker Baukunst

erreicht immerhin eine Breite von fast 200 Metern – besticht das Bothmer-Schloss durch seine vornehme Verhaltenheit.

Einen nochmaligen optischen Kontrast bewirkt schließlich das Grabengeviert, mit dem das Schloss und der ursprünglich holländisch geprägte Barockgarten umgeben sind. Die in ihren Strukturen erhaltene, seit 1973 einfühlsam gepflegte Gartenanlage bot wiederholt einen festlichen Rahmen für sommerliche Musikdarbietungen.

Das Bothmer-Schloss grenzt an das Weichbild von Klütz. Nach diesem Ort bezeichnet sich von alters her der nordwestliche Zipfel Mecklenburgs, der **Klützer Winkel**. Diese landschaftlich außerordentlich reizvolle Gegend hinter der Ostseeküste bietet Kunstfreunden Erstaunliches zu entdecken. Ohne vom Thema abschweifen zu wollen, sei wenigstens auf ein vorgeschichtliches Denkmal sowie zwei Sakralbauten hingewiesen: Nahe Grevesmühlen, exakt 5 Kilometer östlich der Stadt im ausgedehnten **Everstorfer Forst** (B 105, Abzweigung Hamberge/Hoikendorf bzw. bei Naschendorf) sind 4500 Jahre alte jungsteinzeitliche Gräberfelder mit sehr beeindruckenden Großsteingräbern zu besichtigen.

Die **Klützer Stadtkirche** stammt aus der zweiten Hälfte des 13. Jahrhunderts und gilt als typisches Beispiel für die spätromanisch-frühgotische Architektur in Norddeutschland. Von der reichen Innenaustattung seien die Reste des Plattenfußbodens vor dem Altar (Mitte 16. Jahrhundert) und vor allem das gotische Chorgestühl genannt. Vom Schloss-Architekten Künnecke stammt das östlich der Kirche stehende Mausoleum der Familie v. Bothmer.

Im 10 Kilometer westlich von Klütz gelegenen Kalkhorst verdient die ungewöhnlich große **Kalkhorster Dorfkirche** architekturhistorisches Interesse, eine dreischiffige Stufenhalle aus dem beginnenden 14. Jahrhundert. Unter der zumeist barocken Ausstattung fällt der reiche Bestand an Gestühlen und Logen auf, die von einstiger Gutsherrschaft künden.

Aus der Reihe nennenswerter Herrenhäuser und Gutsanlagen im Klützer Winkel seien einige Beispiele angeführt, die recht eindrucksvoll das architektonische Erscheinungsbild dieser Bauaufgabe belegen. In **Groß Schwansee** – 4 Kilometer nordwestlich von Kalkhorst, schon an der Ostseeküste – blieb der barocke Herrensitz (1745) erhalten. Historisierende Rückgriffe in die Architekturgeschichte kennzeichnen die Herrenhäuser in Bernstorf – schon nicht mehr im Klützer Winkel gelegen, sondern südwestlich von Grevesmühlen – und in den 4 Kilometer südlich von Klütz entfernten Orten Stellshagen und Damshagen. Der in Neorenaissance-Formen errichtete Bau in **Bernstorf** entstand 1879-82. In hanseatisch-vornehmer Zurückhaltung präsentiert sich das Herrenhaus in **Stellshagen**, orientiert sich der 1924 von Hans Bach entworfene Landsitz doch stilistisch am Vorbild damaliger Hamburger Villenbauten. Er wäre also durchaus an der Elbchaussee nicht fehl am Platze. In **Damshagen** (1913-14) wiederum verrät der Säulenportikus das Vorbild klassizistischer Architektur. Als barockes Kleinod verdient das am Nordufer des Dassower Sees gelegene Schloss **Johannstorf** besondere Aufmerksamkeit. Dem 1743 nach Entwürfen von Rudolph Matthias Dallin entstandenen, von einem Wassergraben umgebenen Hauptbau ist ein geschlossener Wirtschaftshof mit Torhaus vorgelagert. Diese in Mecklenburg nur selten anzutreffende Raumordnung verweist auf Bauerfahrungen aus dem benachbarten Schleswig-Holstein – ein „Kunstimport" also.

In Kalkhorst selbst, wo schon die Dorfkirche das kulturhistorische Interesse geweckt hat, liegt etwas versteckt am Dorfrand in einem Landschaftspark das einstige **Kalkhorster Herrenhaus**. Pittoresk, wie ein gotisches Märchenschloss, stellt sich der Bau (1855-57) dar. Türmchen, Giebel, Erker, Galerien und Anbauten verleihen dem vielgliedrigen Backsteinkomplex etwas Romantisches, wobei wohl neben mittelalterlicher Burgenphantastik auch an Englisches gedacht war. Der Landschaftspark birgt eine Vielzahl von exotischen Bäumen.

Die Struktur des um 1830 angelegten Gutshofes in **Hof Mummendorf**, zu finden neben der B 105 in der Mitte zwischen Dassow und Grevesmühlen, erschließt sich wegen späterer Eingriffe nur dem geübten Auge. Als wirkliche kulturgeschichtliche Rarität blieb eines der heute sehr selten gewordenen Rundhäuser erhalten. Bei Gutsanlagen jener Zeit meist paarig im Bereich der Hofzufahrt angelegt, galten sie der damaligen Agrarwissenschaft als besonders kostengünstige Nutzbauten. Ihre ursprüngliche Verwendung lässt sich nicht immer eindeutig klären, doch scheint in Hof Mummendorf die Nutzung zu Wohnzwecken von vornherein beabsichtigt gewesen zu sein. Auch das Herrenhaus entstand damals. Es handelt sich um einen schlichten, durch einen Mittelrisalit gegliederten Backsteinbau, bei dem klassizierender Baudekor nur sehr zurückhaltend zur Anwendung gekommen ist.

Lage Klützer Winkel, nordwestlichste Ecke Mecklenburgs
Anfahrt A20, Abfahrt Grevesmühlen, Richtung Klütz, Gutshäuser liegen sehr verstreut, gut per Auto oder Fahrrad zu erreichen, Klütz in den Sommermonaten auch von Grevesmühlen mit der Traditionsbahn „Kaffeebrenner"
Info Fon 038825 258 30 www.schloss-bothmer.de
Nutzung Festspielort Gästezimmer
Zugang Garten ganzjährig

PLÜSCHOW

Ein Abstecher nach Plüschow bei Grevesmühlen lohnt sich für Architekturhistoriker wie für Kunstfreunde gleichermaßen. Unter den Landschlössern der Klützer Gegend hält der alte **Plüschower Herrensitz** sein Portal für Besucher weit offen. Als Künstlerhaus bietet er seit 1991 Studienmöglichkeiten in Ateliers und präsentiert Ausstellungen zeitgenössischer Kunst.

Der unverputzt belassene Backsteinbau entstand 1758-63 als Auftragswerk eines später geadelten Hamburger Kaufmanns. Wirtschaftliche Bedrängnis zwang dessen Erben 1802 zum Verkauf an den damaligen mecklenburgischen Erbprinzen Friedrich Ludwig († 1819), bei dessen Nachfahren das Anwesen bis 1945 verblieb.

Die ursprüngliche Raumaufteilung ist weitgehend erhalten. Als innenarchitektonisches Glanzstück verbindet eine reizvolle Treppe die Hauptgeschosse miteinander. Zierliche Rokoko-Stuckdecken sowie klassizistische Öfen vermitteln eine Ahnung davon, wie stimmungsvoll die alten Landsitze einst gewesen sein mögen.

Lage 10 km nordöstlich von Grevesmühlen
Anfahrt B105 zwischen Dassow und Wismar
Anschrift Mecklenburgische Künstlerhaus Schloss Plüschow Am Park 6 23936 Plüschow Fon 03841 617 40 www.plueschow.de
Nutzung Das Mecklenburgische Künstlerhaus Schloss Plüschow zeigt von Frühjahr bis Herbst wechselnde Ausstellungen zeitgenössischer Kunst

2 SCHLOSS GADEBUSCH

Von dem ehemaligen Residenzschloss mecklenburgischer Herzöge steht heute noch das Hauptgebäude mit einem Treppenturm an der Hofseite. Das Bemerkenswerte des Bauwerks stellt der reiche Fassadenschmuck aus Terrakotta dar.

Der im 16. Jahrhundert unter Herzog Johann Albrecht entwickelte Terrakottastil nimmt in der deutschen Architektur eine Sonderstellung ein und tritt in und außerhalb von Mecklenburg nur vereinzelt auf. Stilistisch speist sich diese Varietät aus den Quellen norditalienischer und niederländischer Renaissance. Dabei entsteht ein Dekorationssystem, das in eigentümlicher Weise eine zierliche Schmuckarchitektur mit Elementen des bewegten Floris-Stils verknüpft. Am 1571 nach Plänen von

Schloss Gadebusch
Mit reichem Fassadenschmuck aus Terrakotta

Christoph Haubitz gestalteten Gadebuscher Schloss hat sich jener charakteristische Fassadenschmuck weitgehend erhalten: Portaleinfassungen, Gesimse, Pilaster, Friese mit szenischen Darstellungen oder Porträtmedaillons sind hier zu finden – ganz ähnlich wie in Wismar und Schwerin.

Der behutsam durchgeführten Restauration von 1903 ist neben der Sicherung der Terrakotten vor allem die Rekonstruktion des Lünettengiebels über dem Treppenturm zu verdanken. Es scheint, dass in vielem der Wismarer Fürstenhof für die bescheidenere Gadebuscher Residenz Vorbildfunktion erfüllte.

Erstaunlicherweise – denn die Hofhaltung wurde bereits im 17. Jahrhundert aufgegeben – haben sich im Gebäudeinneren als bemerkenswerte Austattungselemente einige reich gerahmte Terrakotta-Portale erhalten, während das mächtige Eichengebälk noch dem gotischen Vorgängerbau zuzurechnen ist.

Lage auf halber Strecke zwischen Ratzeburg und Schwerin
Anfahrt B104 B208
Anschrift Schloss Gadebusch Schloßberg 19205 Gadebusch
Fon 03886 71 20 32
Nutzung Gadebuscher Heimatmuseum, Ausstellungen zur Stadt- und Heimatgeschichte

3 WEDENDORF

Schloss Wedendorf hat eine lange Geschichte, der Kernbau entstand 1697. Sein heutiges Aussehen erhielt das Gebäude nach eingreifenden Umbauten nach Plänen des Berliner Architekten Martin Friedrich Rabe (1775-1856) zwischen 1805-10. Damals wurde der Mitteltrakt um ein Mezzaningeschoss erweitert und dadurch den ursprünglich höheren Seitenflügeln angepasst. Zur Vereinheitlichung des Baukörpers trägt neben der gleichförmigen Fenster- und Giebelgestaltung vor allem der klassizistische Baudekor bei. Aber auch das Innere wurde damals nach Rabes Plänen eingreifend umgestaltet. Hiervon zeugen das Treppenhaus sowie die Gliederungen repräsentativer wie kabinettähnlicher Zimmer. Wirtschaftsräume befanden sich nicht im Schloss. Sie waren in einem gesonderten, erst 1934 niedergelegten Geviert untergebracht, das mit dem Haupthaus über einen kurzen Gang in Verbindung stand. Reste der klassizistischen Raumdekorationen haben sich in Form von Deckenmalereien erhalten. Sie stammen von Guiseppe Anselmo Luigi Pellicia und sind ebenfalls nach Entwürfen von Rabe ausgeführt worden. Im benachbarten Schleswig-Holstein, so in Ehmkendorf und Knoop, sind überzeugende Proben vom Können dieses handwerklich befähigten Italieners zu bewundern. Sie belegen aber auch einen engen kulturellen Austausch zwischen damals führenden Adelsfamilien, wurde doch Pellicia nach Wedendorf empfohlen. Trotz empfindlicher Einbußen besonders um 1934 darf Schloss Wedendorf als nennenswerter klassizistischer Bau Interesse in Anspruch nehmen.

Lage zwischen Lübeck, Wismar, Schwerin
Anfahrt B104 Gadebusch-Schönberg
Anschrift Hotel Schloss Wedendorf Schlossstraße 7
19217 Wedendorf Fon 038872 67 70
www.Schloss-wedendorf.com
Nutzung Hotel

BERNSTORF

Das ehemalige Bernstorfer Schloss stellt einen sehenswerten historischen, 1879-82 nach Plänen von Georg Daniel (1829-1913) in Form der holländischen Renaissance ausgeführten Bau dar. Der Baukörper erfährt an seinen Längsseiten durch kräftig vorspringende Seitenrisalite und einen an der nordöstlichen Schmalseite errichteten Turm mit oktogonalem Schaft gestalterische Auflockerung. Hierzu tragen auch die hohen Volutengiebel sowie ehemals eine so genannte welsche Turmhaube bei. Der teilweise sogar in Werkstein gearbeitete Baudekor ist außerordentlich sorgfältig ausgeführt. Im nordöstlichen Giebelaufsatz findet sich ein Relief, das Herzug Heinrich den Löwen zu Pferde zeigt. Diese für ein Herrenhaus ungewöhnliche Darstellung weist unfraglich auf familiengeschichtliche Zusammenhänge hin: Bernstorf war bis 1945 Stammsitz der gleichnamigen Adelsfamilie. Die später in den Grafenstand erhobenen Bernstorffs mögen unter jenem Sachsenherzog als Kolonisten ins Land gekommen sein. Wiederholt sind seit dem 17. Jahrhundert Mitglieder dieser Familie als politisch weit blickende Diplomaten oder im Staatsdienst auf europäischen Parkett in Erscheinung getreten.

Der Bernstorfer Schlossbau darf als künstlerisch reifes Werk eines Architekten angesehen werden, der in Mecklenburg-Vorpommern verschiedene Proben seines Könnens vorgelegt hat. Bemerkenswert bleiben seine Repräsentationsbauten in Schwerin, so vornehmlich das Theater (1883-86) und nicht zu vergessen der Westturm des Doms (1890-92). Seine wichtigsten Herrenhaus-Bauten – so Löwitz (1857), Tressow und Vanselow (1869-71) sowie Beseritz bei Friedland (1887-89) lassen ein erstaunliches stilistisches Vokabular erkennen. Es reicht vom tudorgotischen Formenapparat (Löwitz, Beseritz) über Renaissanceformen (Bernstorf) bis hin zu klassizistischem Dekor (Tressow, Vanselow). Seine Fähigkeit, historische Bauformen neuen Bauaufgaben anzuempfinden, bewies Daniel mit der Bristower Grabkapelle (1878). Der handwerklich vorzüglich ausgeführte Baudekor dieses Familienmausoleums entstand in enger stilistischer Anlehnung an den Ortgiebel der Dorfkirche von 1597. Leider lässt sich nicht belegen, ob die Wirtschaftsgebäude der einstigen Bristower Gutsanlage, die sich gestalterisch ebenfalls an Elementen jenes Sakralbaus orientieren, auch von Daniel entworfen worden sind.

Lage bei Grevesmühlen
Anfahrt Landweg über Börzow
Info Stadt Grevesmühlen Rathausplatz 1 23939 Grevesmühlen Fon 03881 72 32 22
Nutzung keine, Haus gesichert
Zugang Innenbesichtigung nicht möglich, die verwilderte Parkanlage jederzeit

BADOW

Das alte, wiederholt überformte Herrenhaus im 15 Kilometer südlich von Gadebusch gelegenen Badow erhielt 1903 nach Entwürfen von Paul Korff (1875-1945) seine jetzige Baugestalt in barockisierenden Formen. In seltener Vollständigkeit blieben die Wirtschaftsbauten der einstigen Gutsanlage erhalten, deren Stilistik sich an künstlerischen Positionen des Heimatstils orientiert. Von den malerischen, 1913/14 errichteten Nutzbauten seien insbesondere das einstige Wirtschafts- und Remisengebäude, der Speicher sowie das Versorgungsgebäude für Wasser und Strom hervorgehoben.

Von Badow aus empfiehlt sich ein Abstecher ins benachbarte **Perlin**. Das einstige Herrenhaus steht zwar lange nicht mehr, doch darf die Gutsanlage deshalb Interesse beanspruchen, weil zum Gesamtensemble das Pfarrhaus zählt. Literaturkenner wissen es: Hier wurde Heinrich Seidel (1842-1906) geboren.

Lage östlich Schaalseegebiet
Anfahrt über Landstraße Wittenburg-Gadebusch
Anschrift Schloss Badow Söringerstraße 1 19209 Badow Fon 038874 220 02 www.schloss-badow.de
Nutzung Hotel Café Restaurant Gestüt

DREILÜTZOW

Noch weiter südlich, nämlich 23 Kilometer südlich von Gadebusch und damit schon bei Wittenburg, findet sich die immer noch großartige Gutsanlage von Dreilützow. Das Gut gehörte von 1725 bis 1929 den im europäischen Staatsdienst wiederholt hervorgetretenen Grafen v. Bernstorff. Dominiert wird das barocke Bauensemble durch das stattliche Schloss, eine auf Entwürfen von Paul Heumann fußende Dreiflügelanlage (um 1730), deren Ehrenhof spätere Seitengebäude (eines davon 1759) nochmals aufweiten. Als „Kunstimport" deutet das vorgelagerte Torhaus auf schleswig-holsteinischen Einfluss. Das Schloss und der hiervon abgesetzte Wirtschaftsbereich, die Katenzeile sowie der ausgedehnte, um 1800 überarbeitete Landschaftspark, prägen zusammen mit der gotischen Dorfkirche (frühes 15. Jahrhundert) das Ortsbild bis heute. Literaturfreunde stoßen in Dreilützow auf Klopstocks Spuren. Dass zwischen dem Dichter und einem der Grafen v. Bernstorff freundschaftliche Kontakte bestanden, ist bekannt. Hinter dem Schloss ist ein noch teilweise erhaltener Englischer Landschaftspark zu finden.

Lage am östlichen Ortsrand
Anfahrt A24 Abfahrt Wittenburg
Anschrift Schloss Dreilützow Caritas Mecklenburg e.V.
Am Schlosspark 10 19243 Dreilützow
Nutzung Schullandheim, Bildungs- und Begegnungsstätte
Zugang der weitläufige Landschaftspark ist idR. offen zugänglich, das Haus selbst kann von Gruppen genutzt werden

SCHLOSS DREILÜTZOW
Ein dreiflügeliges barockes Ensemble

SCHÖNFELD

Das inzwischen vorbildlich restaurierte Schönfelder Herrenhaus entstand um 1820 nach Entwürfen von Joseph Christian Lillie, nach dessen Plänen auch die stilistisch verwandten Herrenhäuser zu Lehsen (1822) und Pritzier (1820-25) errichtet worden sind. Ähnlich wie in Lehsen ist die Hoffassade in vornehmer Zurückhaltung durch einen ionischen Säulenportikus gegliedert. Der Baudekor beschränkt sich auf einige handwerklich vorzüglich ausgeführte Werksteinelemente. Das Gebäude liegt auf leicht ansteigendem Gelände und bildet den Kopfbau des lang gestreckten, streng axial ausgerichteten Gutshofs. Einige zeitparallel entstandene Wirtschaftsbauten blieben erhalten, leider nicht die beiden Rundscheunen, die einst die Hofzufahrt flankiert haben. An den Gutshof schließt sich die Katenzeile an. Bemerkenswert ist die fast 200 Jahre alte Lindenallee, die vom Gutsbereich zum gut 2 km entfernten **Groß Eichsen** führt. Agrargeschichtlich ist die Schönfelder Gutsanlage insofern auch nennenswert, als ihr Entstehen landwirtschaftlichen Intensivierungsmaßnamen der Zeit um 1800 geschuldet ist. Damals wurde der alte, an der Peripherie der Begüterung gelegene Gutshof aus betriebswirtschaftlichen Gründen völlig aufgegeben und im Bereich einer verkehrstechnisch günstiger erreichbaren Meierei neu eingerichtet.

Hinzuweisen bleibt auf die benachbarte Kirche von Groß Eichsen, eine Gründung des seit etwa 1200 hier nachweisbaren Johanniter-Ordens. Die stattliche, Anfang des 14. Jahrhunderts erbaute Kirche birgt eine interessante Ausstattung.

Lage nordöstlich Schwerin
Anfahrt Landstraße zwischen Grevesmühlen und Schwerin
Nutzung privat, Wohnungen
Zugang nur am Tag des offenen Denkmals

4 LEHSEN

In der Region um Hagenow haben sich eine ganze Reihe von Herrenhäusern ihren gutsherrlichen Charme bewahren können. In Lehsen ist das wahrscheinlich schönste klassizistische Herrenhaus Mecklenburg-Vorpommerns zu bewundern. Der Bau von 1822 entstand nach Entwürfen von Joseph Christian Lillie (1760-1827). Auftraggeber war die Familie v. Laffert.

Der raumgreifende Säulenportikus verleiht dem nicht sehr großen, aber ausgezeichnet proportionierten Gebäude eine ruhig-festliche Würde. Kompositorisch bildete es vormals den Kopfbau eines repräsentativen, von Pappeln umstandenen Hofraumes, von dem der seitlich beigeordnete Wirtschaftsbereich abgesetzt war. Der Landschaftspark entstand zu Beginn des 19. Jahrhunderts, offensichtlich unter Einbeziehung älterer, noch barocker Gartenpartien. Zu erwähnen bleibt, dass in Lehsen damals eine weithin bekannte Baumschule betrieben wurde. Sie zog heimische Obstgehölze und überdies exotische Baum- und Straucharten. Durch familiäre Beziehungen gelangte einiges aus diesem Sortiment wohl auch in die Dammereezer Parkanlage.

HERRENHAUS LEHSEN
Bestimmend ist der Säulenportikus

Auf eine weniger bekannte medizinisch-historische Kuriosität sei noch verwiesen: Die 1847 eröffnete Wasserheilanstalt bedeutete Lehsens kurze Episode als Kurort. Als bauliches Zeugnis blieben die um einen halbrunden Platz gruppierten spätklassizistischen Logier- und Badehäuser erhalten. Es sind Backsteingebäude, die den westlichen Ortsbereich deutlich vom übrigen Dorfbild absetzen. Von hier aus lohnt sich ein kurzer Spaziergang zum Motel-Flüsschen, vielleicht durch die Kastanienallee, vorbei an der Ruine des v. Laffertschen Mausoleums (1868), das über einem frühdeutschen Turmhügel errichtet wurde.

Lage südlich Wittenburg, an der Straße nach Vellahn
Anfahrt A24 Abfahrt Wittenburg
Nutzung privat

DAMMEREEZ

Das eher unscheinbare, um 1780 errichtete und zuletzt 1864 renovierte Herrenhaus stößt an einen Park, der gartenkünstlerisch und dendrologisch als Kostbarkeit gilt. Es handelt sich um eine Schöpfung der seit Ende des 18. Jahrhunderts hier und in der Umgebung einst begüterten Familie v. Laffert. Unter sorgfältiger Einbeziehung von vorhandenen Gehölzen und Überresten eines mittelalterlichen Turmhügels entstand zwischen 1800 und 1830 ein später vervollständigter englischer Landschaftspark. Mehr als 70 exotische Baumsorten bzw. Varietäten bilden ein dendrologisches Spektrum, das sonstige ländliche Parkanlagen weit übertrifft.

Von Dammereez aus empfehlen sich Abstecher zu den benachbarten **Gutsanlagen Düssin und Rodenwalde**, die den Charakter bereits industriell ausgerichteter agrarischer Großbetriebe haben. Für die nach 1911 eingreifend modernisierte Düssiner Anlage lieferten die als Gestalter des alten Hamburger Elbtunnels bekannt gewordenen Architekten Raabe und Wöhlecke die Pläne. Das Ensemble der Funktionsbauten und namentlich der monumentalisierte Kuhstall deuten auf die einstige Nutzung als Milch produzierender Agrarbetrieb. Nach Plänen des Architekten Werner Cords entstand 1936-38 der Rodenwalder Großbetrieb. Die durch Funktionalität gekennzeichneten Bauten orientieren sich in ihrem Erscheinungsbild durchaus gekonnt an Tradiertem, so an Elementen des niederdeutschen Bauernhauses und an der Ziegelfachwerk-Bauweise.

Lage südwestlich von Hagenow
Anfahrt B5 nach Boizenburg oder B209 bis Lauenburg
Anschrift Förderverein Dammereezer Park e.V. Dorfstraße 8 19273 Dammereez Fon 038848 226 35 www.dammereez.de
Nutzung Dendrologischer Park Veranstaltungen

LANDGESTÜT REDEFIN

Pferdezucht und Pferderennen haben in Mecklenburg zwar Tradition, doch ihren Höhepunkt fanden sie im anbrechenden 19. Jahrhundert. Nach dem großen Vorbild der englischen Vollblutzucht versuchte man damals gezielt, hochwertige Reit- und Rennpferde zu züchten. Auf den Gütern entstanden private Gestüte – so in Weitendorf, Zierow, Ivenack, Basedow, Prebberede und Poggelow –, wo erfolgreich und richtungsweisend englische Vollblutpferde in den heimischen Pferdebestand eingekreuzt wurden. Der Schweriner Großherzog Friedrich Franz I. unterstützte diese Bestrebungen, indem er 1819 das heute noch bestehende **Redefiner Landgestüt** einrichten ließ. Außerdem rief er im Jahre 1823 die – inzwischen wieder belebten – Doberaner Pferderennen ins Leben.

Die reizvolle, parkähnlich eingebettete Anlage in Redefin entstand ab 1819 nach Plänen von Carl Heinrich Wünsch (1780-1855). Ihre ausgereifte klassizistische Formensprache orientiert sich am Leitbild der Berliner Bauschule. Nach Gutshofschema gruppieren sich die symmetrisch gestaffelten Wohn- und Verwaltungsbauten bzw. Stallanlagen um einen länglichen „Paradeplatz". Die einstige, inzwischen modifiziert wieder errichtete Reithalle (Fassade 1820) bildet den Kopfbau. Die Lange Reihe, eine Zeile einfacher Fachwerkbauten, diente den Familien der Gestütsbeschäftigten als Unterkunft.

Landgestüt Redefin
In klassizistischer Formensprache

Unweit von Redefin befindet sich **Pritzier**, dessen Herrenhaus um 1820-25 nach Lillie-Plänen errichtet wurde. Vorbei am spätklassizistischen Bahnhofsgebäude des Ortes (1846) – einem für die Eisenbahnlinie Berlin-Hamburg typischen technischen Denkmal – führt der Weg über Quassel nach Lübtheen. In **Quassel** blieb das in gotisierenden Formen errichtete Herrenhaus aus der Mitte des 19. Jahrhunderts erhalten. Architekturfreunden ist die Kleinstadt **Lübtheen** wegen ihrer klassizistischen Bebauung ein Begriff. Interesse gebührt der Stadtkirche (1817-20) mit ihrer aus dem Zentralbaugedanken abgeleiteten Raumgliederung. Sie zählt zu den wenigen größeren Sakralbauten des Klassizismus in Mecklenburg-Vorpommern. Bei den Abstechern von Lehsen aus zu den südlich gelegenen Gutsanlagen gelangt man schon auf das Gebiet des **Naturparks Elbetal**. Hier bestimmt der Fluss den Charakter der Landschaft – mit Auen und Weiden, mit großen Feuchtgebieten, Mooren und Binnendünen. Wer neben dem architekturgeschichtlichen Interesse auch eines für die Natur hat, der kommt voll auf seine Kosten. Und wieder ein-

QUASSEL
Herrenhaus in gotisierenden Formen

mal gilt unsere Empfehlung dem Fahrrad als geeignetsten Verkehrsmittel für Entdecker.

Lage südöstlich von Hagenow
Anfahrt B5
Anschrift Landgestüt Redefin 19230 Redefin
Fon 038854 62 00 www.landgestuet-redefin.de
Nutzung Gestüt Hengstparaden Shop Gästehaus

5 SCHLOSS LUDWIGSLUST

Die Geschichte der einstigen Residenz Ludwigslust beginnt 1724. Damals ließ der Schweriner Prinz Christian Ludwig († 1756) in dem Dörfchen Klenow ein Jagdhaus errichten, das von 1731-35 nach Entwürfen von Johann Friedrich Künnecke zu einem mehrteiligen Schlosskomplex in Fachwerkbauweise erweitert wurde. Etwa gleichzeitig entstanden bereits erste gärtnerische Anlagen. 1754 erfolgte die Umbenennung des Ortes Klenow in Ludwigslust. Und schließlich wurde die Hofhaltung auf Dauer – das heißt bis 1837 – hierher verlegt.

Der großzügige Ausbau des vormaligen Sommersitzes zur planmäßig angelegten Hauptresidenz des Schweriner Landesteils stand seit 1758 unter der Leitung von Johann Joachim Busch (1720-1802). Den Auftakt bildete ein bis 1760 fertig gestelltes Kanalsystem mit mannigfaltigen Wasserkünsten, das also nicht nur als Transportweg für Baumaterial diente, sondern den Schlosspark um wichtige gestalterische Elemente bereichern sollte. Unter Berücksichtigung von schon Vorhandenem entstanden in streng axialer Ausrichtung und mit der großartigen Kaskade als Kernstück in den Jahren 1764–76 die Wohnbauten von Bassin- und Kirchplatz. Dazwischen vermitteln Alleen die räumliche Korrespondenz.

In den Jahren 1772-76 entstand das **jetzige Schloss** mit der als point de vue aufgefassten Schlosskirche, der heutigen Stadtkirche (1765-70). Tangential stößt an dieses Areal die gleichzeitig angelegte und auf die Schlossfassade bezogene Schlossstraße, die durch kleine Platzräume rhythmisiert ist. Von diesen Achsen ausgehend vollzog sich die spätere städtische Bebauung. Hierbei sollte sich Johann Georg Barca (1781-1826), der Amtsnachfolger von Busch, als genialer Planer erweisen. Bauten, wie beispielsweise das Spritzenhaus (1814) und Erbgroßherzoglicher Marstall (1821), die durch ihre gekonnte klassizistische Formensprache bestechen, belegen Barcas Fähigkeiten als Architekt. In wenigen Jahren war der Ort schließlich zu einem städtebaulichen Kunstwerk geworden, dessen Qualität

Schloss Ludwigslust
Stilistisch an der Wende vom Barock zum Klassizismus

nicht nur durch eine Fülle von Einzelbauten bestimmt wird, sondern vor allem durch den ihm eigenen harmonischen Ensemblecharakter besticht.

Stilistisch steht das Ludwigsluster Schloss an der Wende vom Barock zum Klassizismus, was sich insbesondere am Äußeren zeigt. Es ist ein dreigeschossiger, sandsteinverkleideter, über einem E-förmigen Grundriss errichteter Monumentalbau mit Mezzanin und hoher Attika. Die schmalen Seitenflügel ebenso wie der überhöhte Mittelteil sind parkseitig vorgezogen. Auf der Attika stehen zwischen Ziervasen 40 überlebensgroße, von Rudolph Kaplunger gearbeitete Sandstein-Plastiken, die die Personifikationen von Wissenschaften, Künsten und Tugenden darstellen. Die ursprüngliche Raumfolge mit Dekorationen im Rokoko- und Zopfstil ist im Hauptgeschoss noch erhalten und kulminiert im Goldenen Saal. Gegenwärtig werden im Goldenen Saal und achtzehn Zimmern in der Festetage anhand von Möbeln, Gemälden und Büsten höfische Kunst und Wohnkultur des ausgehenden 18. und 19. Jahrhunderts vorgestellt. Als Kuriosität gebührt hier wie in der Schlosskirche den aus Papiermaché gefertigten Dekorationen und Gebrauchsgegenständen Beachtung. Es sind Produkte der einstigen erfolgreichen Ludwigsluster „Carton-Fabrique".

Nördlich und westlich vom Schloss schließt sich eine weitläufige Parkanlage an. Auf einer Fläche von 175 Hektar verschmelzen Elemente barocker Gartengestaltung mit denen eines Landschaftsparks, um schließlich in ein riesiges Waldgebiet überzugehen. Hauptattraktion bleibt der Große Kanal (1756-1760), eine Wasserachse, die durch Kaskaden, Fontänen und flankierende Gartenszenen künstlerisch aufgewertet wurde. Die jetzige Parkgestaltung geht auf Pläne zurück, die 1852 von Peter Joseph Lenné erarbeitet wurden. Der Park gilt als Meisterwerk seiner Spätphase. Unter den Parkarchitekturen sind folgende Bauten hervorzuheben: die katholische Kirche St. Helena, die 1803-09 in neogotischen Formen nach Ideen von Johann Heinrich v. Seydewitz errichtet wurde, sowie die klassizistischen Mausoleen für die Fürstinnen Helene Paulowna (1804-06) und Louise (1809) nach Entwürfen von Joseph Ramée bzw. Johann Georg Barca.

In den historischen Räumen des Museum Schloss Ludwigslust wird Kunst des 18. und frühen 19. Jahrhunderts gezeigt sowie Büsten und Kunstmöbel der Pappmaché-Manufaktur Ludwigslust.

Lage südlich Schwerin
Anfahrt A24 Abfahrt Ludwigslust
Anschrift Museum Schloss Ludwigslust Schloßfreiheit 19288 Ludwigslust Fon 03874 571 90 www.schloss-ludwigslust.de

FESTUNG DÖMITZ

Am Ufer der Elbe, immerhin mehr als 30 Kilometer südwestlich von Ludwigslust, über die B 191 gut zu erreichen, liegt die Festung Dömitz. Ein Abstecher dorthin ist allemal lohnend. Schließlich gilt die nahezu unverändert erhaltene Renaissance-Befestigung zumindest in Norddeutschland als ausgesprochene Rarität. Sie entstand 1558-65 nach Plänen des Italieners Francesco a Bornau auf den Resten einer frühmittelalterlichen Burg. Die über einem regelmäßigen Fünfeck angelegten Wälle, Bastionen und Kasematten gewähren einen Einblick in das Verteidigungssystem einer Flachlandfestung.

Den Zugang zu der Befestigung ziert noch immer das aufwändige Portal aus dem Jahre 1565. Die Kurtinen, die Hauptwälle der Festung, entstanden nach 1620 unter Ghert Evert Piloot († 1629). Zeitgleich lieferte er auch Entwürfe für die seit dem 30-jährigen Krieg untergegangene Festung Kirchdorf auf der Insel Poel. Letzte Modernisierungen an der Dömitzer Anlage wurden im 18./19. Jahrhundert vorgenommen. Aus der Erbauungszeit der Festung stammt noch das dreigeschossige Kommandantenhaus mit dem Festungsturm. Es beherbergt heute das Heimatmuseum der Stadt Dömitz mit Exponaten zur Geschichte der Stadt und der Festung.

Freunden niederdeutscher Dichtung ist die Festung aus Fritz Reuters autobiographischer Erzählung „Ut mine Festungstid"

Festung Dömitz
Als Renaissancebefestigung eine Rarität

ein Begriff. Eine Gedenkhalle für Fritz Reuter erinnert an die letzte Etappe seiner mehrjährigen Festungshaft, die der „Demagoge" hier 1839-40 zubringen musste.

Lage an der Elbe zwischen Ludwigslust und Dannenberg
Anfahrt A24 B5 B191
Anschrift Museum Festung Dömitz 19303 Dömitz
Fon 038758 224 01 www.festung-doemitz.de
Nutzung Museum Konzerte und Kulturveranstaltungen
Zugang Führungen durch die gesamte Anlage

6 NEUSTADT-GLEWE

Nördlich von Ludwigslust erstreckt sich ein wildreiches Feuchtgebiet, die Lewitz, als deren Tor seit alters her Neustadt-Glewe gilt. Eine Burganlage und ein Schlossbau – beides vormalige Residenzen – zeugen bis heute von der einstigen Bedeutung der Stadt.

Der seit dem Mittelalter gebräuchliche Doppelname Neustadt-Glewe erklärt sich aus der Verschmelzung der Slawensiedlung Glewe mit dem 1248 gegründeten Neustadt zu einem befestigten Ort. Die geschützte Lage an der schiffbaren Elde sowie das reichliche Vorkommen von so genanntem Raseneisenerz, direkt unter der Erdoberfläche liegendem und daher leicht abzubauendem Eisenerz, verliehen der Stadt seit Anfang des 16. Jahrhunderts wirtschaftliche Bedeutung. Spätestens nach dem verheerenden Brand von 1728 aber galt sie als erloschen. Die erhaltene Fachwerkbebauung im Altstadtbereich stammt aus der Wiederaufbauphase. Kunstfreunde sollten die unscheinbare Kirche besichtigen. Sie birgt eine prächtige hölzerne Kanzel (1587), ein Werk des Lübecker Schnitzers Tönnies Evers.

Den eigentlichen Erlebniswert stellen in Neustadt-Glewe aber die beiden vormaligen Residenzen der mecklenburgischen Herzöge dar. Musealer Nutzung ist die Alte Burg zugeführt, eine der besterhaltenen mittelalterlichen Burgen des Landes. Auf einem erhöhten, zur Elde vorgeschobenen Landstück errichtet, deuten der regelmäßige Grundriss, der Verzicht auf ein Torhaus sowie die Lage des Bergfrieds trotz späterer Umbauten auf eine Bauzeit im mittleren 14. Jahrhundert hin. So malerische Baudetails wie die Vorhangfenster und Ziegelfriese am Obergeschoss des Bergfrieds sowie die zinnenbekrönte Ringmauer mit Wehrgang und Schießscharten datieren natürlich aus dem späten Mittelalter.

Im 18. Jahrhundert wurde der alte Fürstensitz zu gunsten des Neuen Schlosses aufgegeben. Dieses Bauwerk war bereits 1618/19 nach Plänen von Ghert Evert Piloot in Angriff genommen worden, ohne je über die Rohbauphase hinausgekommen zu sein. Die zunehmende Verwicklung Mecklenburgs in den 30-jährigen Krieg brachte die Bauarbeiten 1622 schließlich zum Erliegen. Im Jahre 1710 wurde die Fertigstellung des Gebäudes nach Plänen von Jacob Reutz († 1710) in Angriff genommen und bis 1717 unter der Leitung von Leonhard Christoph Sturm (1669-1719) vollendet. Die kostbaren Stuckaturen (um 1715) stammen von den Italienern Mogia und Maini. Das Neue Schloss, eine streng symmetrische Dreiflügelanlage mit kleinem Ehrenhof, gilt in der Baugeschichte des Landes als wichtiges Beispiel für den niederländisch-französischen Einfluss im Barock. Seit 1735 zweckentfremdet und zudem gefährdet durch Schäden an der Pfahlgründung, galt das Bauwerk schließlich als verloren. Nach sehr aufwändigen Restaurationsarbeiten wird das Schloss heute gastronomisch genutzt.

Lage 10 Kilometer nördöstlich von Ludwigslust
Anfahrt A24
Anschrift Burg Neustadt-Glewe 19306 Neustadt-Glewe
Fon 038757 237 84 www.neustadt-glewe.info
Nutzung Museum Kulturveranstaltungen

Alte Burg Neustadt-Glewe
Eine vormalige Residenz

FRAUENMARK

Der Reisende, der die großen Mecklenburger Residenzschlösser in Ludwigslust, Güstrow oder Schwerin besuchen will, findet innerhalb der sanften Landschaft ein individuelles Kleinod: Schloss Frauenmark.

1837 wurde das Gut von der Familie von der Sode direkt vom Großherzog Friedrich Franz erworben und 1860 mit einem schlossartigen Neubau im Stil des ausgehenden Klassizismus geschmückt. Die Gliederung der Fassade macht den Verlust des Stuckdekors (nach einem Dachstuhlbrand Anfang der 1950er-Jahre) erträglich.

Schloss Frauenmark bietet heute ein Ambiente der besonderen Art. Die Eingangshalle mit dem raumhohen Sandsteinkamin, der exotisch anmutende Tee-Salon, der Tee-Shop, die Gäste-Bibliothek, das Diner-Separée, das Restaurant „Claude Monet", die Bar „Florence" und der Festsaal bilden den Rahmen für 11 völlig unterschiedlich eingerichtete, romantische Gästezimmer. Die Einrichtung des Hauses erinnert an privat geführte, englische Manor-Houses. Ein Einzelhandel mit ausgefallenem Wohn-Interieur ist im Hause integriert.

Die spätromanische Dorfkirche entstand um 1230. Stilistisch besticht dieser Feldsteinbau durch seine Einheitlichkeit. Frühgotische Wandmalereien und ein Schnitzaltar aus dem 15. Jahrhundert blieben erhalten.

Lage zwischen Schwerin und Parchim
Anfahrt A24 B321
Anschrift Hotel Schloss Frauenmark 19374 Frauenmark
Fon 038723 801 71 www.schloss-frauenmark.de
Nutzung Hotel Restaurant Tee-Salon Verkauf von Wohn-Interieur

7 SCHLOSS SCHWERIN

Wahrzeichen von Schwerin und eines der bedeutendsten Baudenkmäler des Historismus in Deutschland ist das ehemalige Residenzschloss, malerisch auf einer Insel im Schweriner See gelegen.

An die zwischen 1843 bis 1857 vorgenommene Gestaltung – oder vielleicht besser Um- oder Neugestaltung – dieses Fürstensitzes war von vornherein der hohe Anspruch geknüpft, mit architektonischen Mitteln ein Monument der Erinnerung zu formen, das vom Fortwähren historischer Kontinuität kündet. So gedeutet, wird letztlich auch die gezielte Auswahl bestimmter stilistischer Elemente verständlich.

Die Ursprünge der jetzigen Anlage gehen auf eine bereits 1018 erwähnte slawische Burg zurück. Über Jahrhunderte hinweg mehrfach überbaut, war hieraus schließlich ein unregelmäßiger Gebäudekomplex von fünf Flügeln entstanden, dessen architektonisches Erscheinungsbild die Renaissance-Trakte des 16. und 17. Jahrhunderts prägten.

Die seit 1843 vorangetriebene Überarbeitung hatte sich an der aus italienischen, niederländischen und deutschen Quellen gespeisten Stilistik zu orientieren. Zudem durch das Vorbild der Loire-Schlösser angeregt, entstand ein das Stadtbild prägender Monumentalbau, gewissermaßen in Fortführung lokaler, nationaler und europäischer Bautraditionen. Im architektonischen Zusammenspiel mit ausgewählten Dekorationsstücken – so der donjonähnliche Hauptturm, das neogotische Chorpolygon der Schlosskapelle sowie der stadtseitige Portalflügel – einer Synthese von Triumphtor und Ruhmeshalle – zeigt sich eine Programmatik, die den romantischen Vorstellungen des 19. Jahrhunderts von einer Fürstenresidenz entspricht. Unter dieser Voraussetzung entstand nach Plänen von Georg Adolf Demmler (1804-1886), Hermann Willebrand (1816-1899) und Friedrich August Stüler (1800-1865) ein Kunstwerk von seltener Geschlossenheit, das zu den großartigen Leistungen des Historismus zählt. Das Zusammenspiel der eigentlichen Schloss-Architektur mit der prächtigen Innenausstattung und den kunstvollen Grünanlagen von Burggarten und Schlosspark vervollständigt dieses Bild.

Zwischen Stadt und Schlossinsel vermittelt die festlich dekorierte vordere Schlossbrücke. Streng axial führt sie auf den plastisch bewegten Portalbau. Elemente wie die vorgelegte Kolonnade und die beiden Rundtürme, der reiche Figurenschmuck, die monumentale Niklothalle – eine offene Bogenhalle mit dem überlebensgroßen Reiterstandbild des Obotritenfürsten Niklot, den das mecklenburgische Herrschergeschlecht als seinen Stammvater verehrt – und die bekrönende Prunkkuppel werten die Fassadenfront nachdrücklich auf. Hieran schließt sich ein nach Norden gerichteter Flügel von ebenfalls differenzierter Fassadengestaltung an. Seine von einem Türmchen mit Zwiebelhaube flankierte Ostpartie birgt die Schlosskirche, die 1560-63 nach dem nur wenig älteren Vorbild in Torgau entstand. 1855 wurde ihr das filigran wirkende neogotische Chorpolygon angefügt. An die Schlosskirche schließt sich der terrakottageschmückte Bau des Neuen Langen Hauses von 1553-55 an. Im 19. Jahrhundert ebenfalls überarbeitet, erfuhr dieser Flügel insbesondere durch das Einfügen des donjonartigen Hauptturms gestalterische Akzentuierung. Hieran reiht sich das Bischofshaus, der baugeschichtlich älteste Teil des Schlosskomplexes. Auch dieser Trakt war im 16. bzw. 19. Jahrhundert eingreifenden Veränderungen unterworfen worden. Das nächstfolgende, in Formen der niederländischen Spätrenaissance errichtete Haus über der Schlossküche greift, wenngleich wesentlich differenzierter, auf alte Pläne von Ghert Evert Piloot zurück. Zwischen 1635 und 1643 waren dieser Flügel und das Haus über der Schlosskirche (Ostpartie der Nordfassade) nach Plänen jenes Architekten aufgestockt worden.

Die dem Schlossgarten zugewandte Südfassade sowie die Front zum Burgsee sind Neuschöpfungen des 19. Jahrhunderts. Die Schlossfront zum Burgsee zeigt die Neorenaissanceformen dieser Zeit mit einem Mittelrisalit, der durch einen halbrunden Sandsteingiebel abgeschlossen wird. Senkrechte Pilaster und waagerechte Gurtbänder tragen glasierte braune Schmuckele-

SCHLOSS SCHWERIN
Das ehemalige Residenzschloss liegt malerisch auf einer Insel im Sch

mente in symmetrischen Formen. Hinter dieser Fassade hat im Burgseeflügel seit 1990 der Landtag von Mecklenburg-Vorpommern seinen repräsentativen Sitz.

Trotz des verheerenden Brandschadens von 1913 haben sich im Schweriner Schloss Raumfluchten von atemberaubender Pracht erhalten, die heute mit dem Anspruch auf historische Authentizität als Museum der Öffentlichkeit zugänglich sind. Von der prunkvollen Innenarchitektur vermitteln Thronsaal, Ahnengalerie und Speisezimmer eine gute Vorstellung: künstlerisch aufwändige Wanddekorationen wetteifern mit reich gestalteten Raumdecken und kunstvollen Parkettfußböden, Prunkräume und Kunstsammlungen in der Fest- und Beletage, eine Ausstellung von Porzellan aus Meissen und anderen Manufakturen sowie Gemälde und Kunsthandwerk des 18.–20. Jahrhunderts.

Ein Ende der seit Jahren laufenden Restaurierung des Schweriner Schlosses ist immer noch nicht abzusehen. Schließlich werden hohe Qualitätsansprüche bei Planung und Ausführung der Baumaßnahmen gestellt. Zu sanieren sind in elf Geschossen 635 Räume sowie die Dach- und Fassadenflächen. Eine besondere technische Herausforderung ist die Nachbesserung der alten Holzpfahlgründungen.

Der besondere Reiz des Schweriner Schlosses liegt in dem Zusammenspiel von Architektur, Gartenkunst und natürlicher Landschaft. Im Burggarten, der 1843-57 auf dem Inselterrain von Theodor Klett (1808-1882) angelegt wurde, sind Pläne Lennés und Anregungen von Semper und Stüler verarbeitet. Die künstliche Grotte (1852), insbesondere aber der für Norddeutschland einmalige Orangerietrakt sind die Herzstücke dieses Parkteils.

Das Zentrum des Schlossgartens bildet ein Kanal in Form eines Kreuzes, an dem 14 Sandsteinplastiken – Darstellungen antiker Götter und Allegorien der vier Jahreszeiten – aus der Werkstatt Balthasar Permosers aufgestellt wurden. Allerdings stehen hier heute statt der um 1720 entstandenen Stücke Kopien aus den 1950er-Jahren. Ab 1835 entstand östlich des Barockgartens nach Ideen von Peter Joseph Lenné unter dem Hofgärtner Klett der so genannte Grüngarten im Stil englischer Landschaftsparks. Ursprünglich gehörte dieses Gelände zum „Green house", dem großherzoglichen Sommersitz. Der Schlossgarten, von Kennern als eine der gelungensten Parkschöpfungen Norddeutschlands gepriesen, verliert sich fast unmerklich in der freien Landschaft und bietet sich schon deshalb als idealer Ausgangspunkt für weitere Spaziergänge am Ufer des Schweriner Sees an.

Schwerin ist reich an Architekturdenkmalen verschiedener Epochen. Auf älterer Grundlage entstand um 1170 der Dom. Die Schelfkirche (1708-11) gilt als bemerkenswerter barocker Zentralbau. Und der Paulskirche (1862-69) gebührt als bedeutendem neogotischen Backsteinbau ebenfalls Aufmerksamkeit. Das Neue Gebäude (1783-85) am Markt entstand nach Plänen von Johann Joachim Busch und war ursprünglich als Kaufhaus konzipiert. Bemerkenswert sind ferner die von Demmler entworfenen Bauten am Pfaffenteich. Zahlreiche Palaisbauten belegen Schwerins lange Geschichte als Residenzstadt.

Im nordwestlich gelegenen Stadtteil Friedrichsthal, direkt an der B 104 in Richtung Gadebusch, steht das ehemalige herzogliche **Jagdschloss Friedrichsthal**. Im Jahre 1798 wurde es von Johann Heinrich v. Seydewitz für Friedrich Franz I. errichtet. Eine landschaftsgärtnerische Besonderheit stellt die gleichzeitig mit dem Schlossbau angepflanzte Lärchenallee dar, die auf das zweigeschossige, von einstöckigen Kavaliershäusern flankierte Fachwerkgebäude hinführt. Von der Innenstadt aus fährt man zu diesem wenig beachteten Architekturdenkmal mit der Buslinie 17 bis zur Endhaltestelle Friedrichsthal.

Das unmittelbar am Südufer vom Schweriner See gelegene **Raben Steinfeld** ist so etwas wie ein architekturhistorischer Geheimtipp: Mitte des 19. Jahrhunderts entstand hier nach Plänen von Willebrand ein Dorf-Ensemble, dessen Stilistik Anregungen aus der englischen Baukunst zeigt. Die Buslinie 6 (Haltestelle Raben Steinfeld) führt zu diesem direkt an der Autobahnauffahrt liegenden Vorort von Schwerin.

SCHWERINER SCHLOSSINSEL – BURGGARTEN UND ORANGERIE

Seit Juni 2001 ist die Landeshauptstadt von Mecklenburg-Vorpommern um eine Attraktion reicher: Zum Abschluss mehrjähriger, umfangreicher Sanierungsarbeiten am Schloss und der Schlossinsel wurden das Kernstück des Burggartens, die wiederhergestellte Orangerie sowie ihre rekonstruierten Gartenanlagen auf den Dachterrassen, den ehemaligen Bastionsflächen und in den Innenhöfen wieder der Öffentlichkeit übergeben. Damit präsentiert sich das historische, behutsam sanierte und in Kernbereichen rekonstruierte Gartenkunstwerk auf der Schlossinsel wieder in seiner Gesamtheit und in neuem Glanz.

Der Burggarten ist Bestandteil des Bauensembles und Gesamtkunstwerkes Schloss und Orangerie auf der Schlossinsel und ein herausragendes Zeugnis der Gartenkunst des 19. Jahrhunderts. Die ursprüngliche Planung und der Bau der Orangerie sowie der Gartenanlagen geht im wesentlichen auf die Zeit des Schlossneubaues zwischen 1843 und 1857 zurück und basiert auf Gestaltungsideen des Dresdener Architekten Gottfried Semper im Zusammenwirken mit dem Königlichen Preußischen Gartendirektor Peter Joseph Lenné. Diese Grundideen fanden schließlich im Entwurf von Georg Adolph Demmler Berücksichtigung und bildeten ebenso wie ein präzisierter, heute nicht mehr vorhandener Entwurfsplan Lennés die Grundlage für die detaillierte Gestaltung und Realisierung.

Durch die Konzipierung eines eingeschossigen Orangerie-Baukörpers gelang in genialer Weise die künstlerische Einbindung in die Gesamtgestaltung des Schlosskomplexes sowie die Herstellung direkter funktionaler Beziehungen zwischen den Innenräumen und dem Freiraum bis in die Landschaft. Dem Hauptturm ist über dem Erdgeschoss mit den Terrakotta- und Orangeriesälen in Form der Orangeriedachterrassen ein zweites Geschoss vorgelagert. Als repräsentative Verbindung der ehemaligen Wohn- und Audienzräume der Beletage – heutigen Museumsräumen – mit den Dachterrassen fungiert eine große Freitreppe und im Hauptturm ein Gartensaal: das Blumenzimmer.

Schloss Schwerin
Burggarten

Unter dem Berliner Oberbaurat Friedrich August Stüler, der nach Demmlers Ausscheiden im Jahr 1851 die Schlossoberbauleitung übernahm, erhielt die Orangerie seeseitig einen kolonnadengefassten Raumabschluss mit einem dominanten, achsialen Torbau und einer bekrönenden Zinkgussplastik – „Herakles, den kretischen Stier bändigend". Der Kolonnadenbau trägt ebenfalls eine begehbare Dachterrasse, den sog. Hauptweg. Von den Dachgärten führen gusseiserne Treppenabgänge in den Peristylhof (Gartenhof).

Die konkrete Anlage des Burggartens oblag dem Schweriner Hofgärtner Theodor Klett (1808-1882), der damit wohl sein Meisterwerk schuf. Durch gestalterische Kunstfertigkeit und gekonnten Einsatz vegetabiler und plastischer Gestaltungselemente verschmelzen Architektur und Gartenarchitektur zu einem harmonischen Ganzen. Auf einer relativ kleinen Inselfläche von ca. 1,8 ha sind unter Einbeziehung ehemaliger Festungsanlagen, des Schloss- und Orangeriebaukörpers in unterschiedlichen Ebenen einzelne Teilgärten angelegt. Blickachsen, Wegeführungen und Aussichtspunkte beziehen sich auf Gebäudeteile, Statuen, Pflanzungen und die umgebende Seenlandschaft. Charakteristisch ist gärtnerische Gestaltung der gebäudenahen Bereiche mit prächtiger Pflanzendekoration und reicher bildkünstlerischer Ausstattung im Wechselspiel mit den im romantisch landschaftlichen Stil gestalteten ufernahen Gartenpartien.

Entsprechend der Gestaltungsidee römischer Terrassen- und Villengärten wurden die Gartenanlagen des Orangeriebereiches nach einem komplizierten ikonographischen Programm konzipiert und verkörpern die geordnete Natur, das Paradies. Jedes Gestaltungselement wie Brunnen, Plastik oder Beet übernimmt dabei eine Funktion.

Der Orangeriebau besteht aus drei halbkreisförmig um den Hauptturm angeordneten Sälen, dessen so genannter 2. Orangeriesaal eine sich zum See hin öffnende Dreiflügelanlage (Triklinium) ist, deren Mittelbau und Seitenflügel einen Gartenhof einschließen. Das Äußere des Trikliniums wird durch eine Eisen-Glas-Konstruktion bestimmt, die sich am später für die moderne, funktionale Architektur richtungsweisenden Bau- und Konstruktionsstil des 1851 zur Weltausstellung in London präsentierten Kristallpalastes orientiert. In wohl einzigartiger Weise entstand durch die Verwendung skelettartiger Konstruktionen aus gusseisernen Stützen und Bogenträgern in der Kombination mit Gussglasfassaden ein repräsentatives Kalthaus, deren erdgedeckte Dachterrassen als Gartenanlagen gestaltet und ein frühes Beispiel für Dachgärten in Deutschland sind.

Mit der nunmehr abgeschlossenen bauseitigen Sanierung der Schweriner Orangerie gelang deutschlandweit einmalig die Wiederinbetriebnahme einer historischen Orangerie im eigentlichen Sinne ihrer Nutzungsbestimmung: als Winterquartier für Kübel- und Topfgewächse. Die seitlich sich anschließenden, mit Terrakotten reich verzierten Orangeriesäle, sind als Wintergärten konzipiert, die der großherzoglichen Familie sowohl zum Lustwandeln als auch für Festveranstaltungen dienten und künftig saniert und gastronomisch genutzt werden sollen.

Birgid Holz

Lage Schweriner See
Anfahrt A241 B104 B106 B321 Bahn
Anschrift Schlossmuseum Lennéstraße 1 19053 Schwerin
Fon 0385 525 29 20 www.schloss-schwerin.de
Nutzung Landtag Museum

8 BASTHORST

Unweit von Crivitz direkt am schönen Glambecksee gelegen, finden Sie Schloss Basthorst. Das malerische, von einem Landschaftspark umschlungene Gebäudeensemble lohnt für Freunde historischer Gutsanlagen auf jeden Fall einen Besuch – wie auch noch weitere kleine Orte, die in der ländlichen Gegend zwischen Basthorst und der Kleinstadt Sternberg weitgehend ihren ursprünglichen Charakter bewahrt haben.

Das Gebäudeensemble in Basthorst geht auf das 1824 zusammen mit der Gutsanlage errichtete Herrenhaus zurück. Es handelt sich hierbei um einen zurückhaltend gegliederten, unverputzten, also backsteinsichtig belassenen klassizistischen Bau. An diesen Kern fügen sich die späteren Erweiterungen aus der Zeit nach 1900 an. Ihre kraftvolle, materialbetonte, aus traditioneller handwerklicher Bautechnik entwickelte Formensprache lässt künstlerische Positionen der Reformarchitektur erkennen, die sich am Backsteinbau orientierte. Unter den Innenräumen besticht die holzgetäfelte Bibliothek als stimmig-feines Jugendstilkleinod. In diesem beeindruckenden, über 100 Jahre alten Raum werden Trauungen durchgeführt. Die gelungene Mischung aus Historie, Romantik und Gegenwart zieht Liebhaber aus

Schloss Basthorst
Gelungene Mischung aus Historie, Romantik und Gegenwart

allen Bereichen an. 1994 eröffnete das Schlossrestaurant. Seit 1997 wird Schloss Basthorst als Hotel und Restaurant geführt.

Lage 10 km östlich des Schweriner Sees
Anfahrt B 104 Tipp: auf Nebenstrecken per Fahrrad
Anschrift Hotel Schloss Basthorst 19412 Crivitz OT Basthorst Fon 03863 52 50 www.schloss-basthorst.de
Nutzung Hotel Restaurant

GUT WENDORF

Das Gut Wendorf, 4 Kilometer nördlich von Basthorst, zählt zu den wenigen agrarischen Großbetrieben, die noch zu Beginn des 20. Jahrhunderts völlig neu projektiert wurden. Das Gutsensemble entstand 1905-07 nach Entwürfen von Paul Korff. Um das Herrenhaus, einen traditionell anmutenden Baukörper mit Anklängen an den „Burgenstil", gruppieren sich umfangreiche Wohn-, Verwaltungs- und Wirtschaftsbauten. Die technische Ausrüstung entsprach damals modernstem Standard. Die Architektur aller Nebengebäude ist den reformerischen Ideen des Heimatstils verpflichtet. Der in großen Zügen erhaltene Park wurde durch den Düsseldorfer Gartenarchitekten Richard Hoemann angelegt.

Weitere 4 Kilometer nördlich, in **Gustävel** fällt das barocke Herrenhaus (1756) mit später stumpfwinklig angesetzten Flügelbauten auf, eine in Mecklenburg-Vorpommern selten anzutreffende Baugestalt. Aber die eigentliche Entdeckung wird stets das Stallgebäude sein, das Ende des 19. Jahrhunderts in neoromanischen Formen aufgeführt wurde. Überraschend ist vor allem die handwerkliche Qualität der zierenden Details.

Lage 4 Kilometer nördlich von Basthorst (nicht zu verwechseln mit Wendorf bei Möllenhagen!)
Anfahrt B104
Nutzung landwirtschaftlicher Betrieb

KAARZ

Im noch etwas nördlicher gelegenen Warnowtal, nur 6 Kilometer von Sternberg entfernt, verbindet eine prachtvolle Kastanienallee die Orte **Weitendorf** (direkt an der B 104) und Kaarz miteinander. Man muss es schon wissen, dass hier am Ausgang des 19. Jahrhunderts noch einmal im großen Stil landschaftsgestalterisch geplant worden ist, denn im Sinne eines agrarischen Großbetriebes standen beide Siedlungen einst in engem räumlich-funktionellen Zusammenhang. Der Gutshof-Charakter blieb Weitendorf bis heute eigen. Einige der Nutzbauten lassen sich auf 1881 datieren.

Kaarz dagegen war als abgesetzter herrschaftlicher Wohnsitz mit spezifischen Nebenbauten konzipiert. Unter geschickter Ausnutzung des bewegten Geländereliefs wurden der repräsentative Wohnsitz, der Marstall, die Försterei und ein Mausoleum sowie einige bescheidene Leutehäuser zu einem Ensemble gefügt. Die Baugestalt des 1873 errichteten Herrenhauses, das im Detail phantasievolle Entlehnungen aus älterer französischer

Schloss Kaarz
Phantasievoll an französische Schlossbaukunst erinnernd

Schlossbaukunst erkennen lässt, wird maßgeblich durch das gartenseitige Belvedere bestimmt. Dieses Bauglied deutet hin auf die Architekturgesinnung der Nach-Schinkelzeit. Und in der Tat gehen die Baupläne auf die Berliner Architekten Saniter und Becker zurück. Der Marstall (1907) gibt sich als ein Werk von Paul Korff zu erkennen. Von den beiden Mausoleen muss das größere hervorgehoben werden, das in aufwändigen Neorenaissanceformen handwerklich hervorragend ausgeführt wurde. Den sorgfältig angelegten Park (1873) verdankt das architektonisch-landschaftsgärtnerische Gesamtensemble dem Hamburger Gartenkünstler Ansorge. Unter den fremdländischen Gehölzen fällt der prächtige Mammutbaum ins Auge.

Die Schlossküche mit überwiegend einheimischen Produkten bietet Abendessen für Hausgäste, für Ausflugsgäste Kaffee und Kuchen. Anderen Schlosshotels zur Nachahmung empfohlen: Die Gäste können hier nicht nur Fahrräder, sondern auch Kajaks mieten.

Lage Nahe Sternberg, Allee von Weitendorf aus
Anfahrt A24 A241 A19 B104 B192
Anschrift Hotel Schloss Kaarz Obere Dorfstraße 6
19412 Kaarz Fon 038483 30 80 www.schloss-kaarz.m-vp.de
Nutzung Hotel

HASENWINKEL

Zu den bekannten Korff-Bauten in Mecklenburg-Vorpommern zählt Schloss Hasenwinkel (1908-12), eine Architekturschöpfung ganz eigener Art. Ihre einmalige ästhetische Wirkung erklärt sich aus der Einheit von Haus und Garten, einer wesentlichen Forderung damaliger Reformbestrebungen. Angeregt durch klassische Vorbilder zeigt sich hier eine Raumlösung, die optisch – von der Straße her – an das Guckkastenprinzig erinnert. Durch einen Zaum von filigraner Durchsichtigkeit gleitet der Blick ungehindert über das von Baumreihen kulissenartig eingefasste Gartenparterre. In der Tiefe wird es durch den ruhig lagernden und nur dezent gegliederten Wohnbau verriegelt.

Schloss Hasenwinkel
Ein dezent gegliederter Wohnbau von Korff

Diese barocke Reminiszenz ist typisch für Korffs Schaffen vor dem ersten Weltkrieg. Dennoch offenbart sich in der sorgfältigen Bauausführung ein Funktions- und Materialdenken, das Einsichten in die Grundsätze der Reformarchitektur voraussetzt. Die innenarchitektonische Ausstattung kulminiert in der gediegen wirkenden Halle.

In den nächsten Jahren wird auch der Schlosspark nach historischem Vorbild neu gestaltet.

Schloss Hasenwinkel hat eine sehr wechselvolle Geschichte. Erbaut von dem russischen Diplomaten Schmitz im neubarocken Stil als klassisch-mecklenburgisches Gutshaus. Später ging es in den Besitz der Familie Girardet über. 1942 wurde es von den Flugzeugwerken Heinkel in Warnemünde erworben. Schloss Hasenwinkel war Sitz eines sowjetischen Militärstabes, Flüchtlingslager, Landesverwaltungsschule, Fachschule für Staatswissenschaft und bis Januar 1990 „Akademie für sozialistische Wirtschaftsführung". Ab September 1993 erfolgten Rekonstruktion und Umbau des Schlosses sowie der Neubau eines Gästehauses

Schloss Hasenwinkel
Liebevoll restaurierter Garten neben dem Schloss

durch den Eigentümer Nordmetall, dem Arbeitgeberverband Metall- und Elektroindustrie.

Unweit von hier, in Friedrichswalde bei Blankenberg, 4 Kilometer südlich von Warin, stößt man auf ein außergewöhnliches Mausoleum. Das 1915 in antikisierenden Formen errichtete Bauwerk steht malerisch auf einer Terrasse am Ufer des Groß Labenzer Sees. Insider wandern hierher, weil zu Anlage der berühmte Bronzehirsch zählt, ein Werk des Bildhauers Louis Tuaillon.

Lage Nordwestlich von Sternberg, 4 Kilometer westlich von Warin, sehr idyllisch am Bibowsee
Anfahrt A 241, Ausfahrt Cambs, vor Ventschow Richtung Warin
Anschrift Tagungshotel der Wirtschaft Am Schlosspark 2 19417 Hasenwinkel bei Schwerin Fon 03847 661 40 www.hasenwinkel@tagungsschloss.de
Nutzung Tagungshotel und Hochzeiten, Einzelreisende auf Anfrage; Einzelbesucher zur Besichtigung werden nicht abgewiesen soweit der Tagungsbetrieb es zulässt

9 SCHLOSS WILIGRAD

Ungeachtet seiner exklusiven Abgeschiedenheit am Nordwestufer des Schweriner Sees heißt Schloss Wiligrad alle Kulturinteressierten mit wechselnden Kunstausstellungen in Lübstorf stets willkommen. Zudem hat hier das Landesamt für Bodendenkmalpflege sein Domizil. Der malerische, 1896–98 nach Entwürfen von Richard Haupt errichtete Gruppenbau entstand in Anlehnung an die im 16. Jahrhundert ausgeführten Johann-Albrecht-Bauten, eine Sonderleistung der Renaissancearchitektur in Mecklenburg.

Auf die Johann-Albrecht-Bauten beziehen sich so gewichtige Details wie der reiche Terrakottaschmuck und die sorgfältig ausgearbeiteten Lünettengiebel. Im Haupthaus sind sehenswerte Raumdekorationen erhalten. Abgesehen vom ausgedehnten Park mit einigen exotischen Gehölzen bleibt noch das zeitgleich angelegte „Dorf" bemerkenswert. Stilistisch auf das Schloss abgestimmt, zählen hierzu Wohn- und Wirtschaftsbauten, die nach damals modernsten Gesichtspunkten ausgestattet waren. So beispielsweise der giebelgezierte Marstall, der als Funktionsgebäude Reithalle, Pferdeställe, Wagenremisen, Werkstätten, Futterlager und Bedienstetenwohnungen unter einem Dach vereint und das „Kesselhaus", in dem die Heizungsanlage und Stromversorgung für das Schloss betrieben wurden. Indes treten die Renaissanceformen hier keinesfalls zufällig auf, denn der Bauherr, der Schweriner Herzog Johann Albrecht († 1920), zählte in Deutschland zu den anerkannten Protagonisten des Heimatstil-Gedankens.

Seit Herbst 2003 ist die Verwaltung der Staatlichen Schlösser und Gärten für die Instandsetzung des Schlosses Wiligrad, die Pflege des Parks und die touristische Erschließung des Ensembles verantwortlich. Der Verein der Freunde des Wiligrader Schlosses e.V. beschäftigt sich mit der Erforschung der Geschichte und bietet Führungen an. Der Kunstverein lädt zu regelmäßigen Ausstellungen, Konzerten und Seminaren ein.

Schloss Wiligrad
Vielfältige Renaissanceformen

Wer in Schwerin Quartier bezogen hat, sollte die Chance nutzen, Lübstorf zu Fuß oder mit dem Rad zu besuchen. Vom Weg am Ufer bieten sich wunderschöne Aussichten über den Schweriner See. Der ausgeschilderte Hauptwanderweg zwischen Schwerin und Wismar führt direkt am Schloss Wiligrad vorbei.

Lage zwischen Wismar und Schwerin
Anfahrt B106
Anschrift Schloss Wiligrad 19069 Lübstorf
Staatliche Schlösser und Gärten Fon 0385 50 90
Verein der Freunde Fon 03867 611 10
Kunstverein Fon 03867 88 01
Nutzung Kultur-/Kunstverein Landesamt für Bodendenkmalpflege

BURGWALL MICHELENBURG/DORF MECKLENBURG

Die Ortsbezeichnung Wiligrad erfolgte übrigens in Anlehnung an die Bezeichnung der 13 Kilometer nördlich von Wiligrad an der B 106 schon kurz vor Wismar gelegenen Michelenburg, der einstigen Hauptburg der Obotriten. Nach Aussage der Chronisten steht hier die Wiege des Landes Mecklenburg: Am 10. September des Jahres 995 ließ der spätere Kaiser Otto III. auf der Michelenburg eine Schenkungsurkunde ausstellen, die als ältester Beleg für diesen slawischen Fürstensitz gilt.

Heute zeugt noch der etwa zehn Meter hohe Ringwall – ein Friedhof ist jetzt auf ihm angelegt – von der hier errichteten Burg. Einen Besuch des beeindruckenden Bodendenkmals, das sich getrost mit den Burgwällen von Ilow bei Wismar, Kap Arkona und Garz auf Rügen vergleichen lässt, sollte man nicht versäumen. Wie die archäologische Forschung feststellen konnte, ist die Anlage schon im 7. Jahrhundert errichtet und mehrfach ausgebaut worden. Schließlich erreichte die Befestigung eine Ausdehnung von 150 x 200 Metern mit ca. 12 bis 15 Meter hohen Wällen. 1160 spielte die Befestigung in den Kämpfen zwischen Obotriten und dem Sachsenherzog Heinrich dem Löwen eine gewichtige Rolle. Die Burg wurde wiederholt zerstört, bis sie 1322 aufgegeben wurde.

Lage 6km südlich Wismar
Anfahrt A20 B106

Heiligendamm ist das älteste deutsche Seebad, gegründet 1793. Hieran erinnert die Inschrift an dem 220 Tonnen schweren Findling vor dem jetzigen Grand Hotel. Anlässlich der Fünfzigjahrfeier des Seebades wurde dieser Brocken auf Rollen von seiner 11 km entfernten Fundstelle hierher manövriert – eine ingenieurtechnische Leistung, für die Hofbaumeister Demmler verantwortlich zeichnete.

Entlang einer prachtvollen Allee führt eine Chaussee nach Heiligendamm an der Pferderennbahn vorbei. 1823 eingerichtet und nach jahrzehntelanger Vergessenheit 1993 wiedereröffnet, zählt sie zu den ältesten ihrer Art in Europa. Aber auch mit „Molli", der beliebten Schmalspurbahn, ist die „weiße Stadt am Meer" erreichbar.

Das Ortsbild von Heiligendamm wird bis heute geprägt durch ein großartiges klassizistisches Gebäudeensemble, das parkartig in die anrainende Natur gebettet ist. Das älteste Gebäude – das spätere „Haus Mecklenburg" – entstand 1796 und ist später mehrfach verändert worden, u. a. von Demmler. Das gegenüber liegende heutige Grand Hotel wurde erst 1886 erbaut. Zwischen diesen beiden Gebäuden findet sich das bekannte, 1816 nach Entwürfen von Severin fertig gestellte „Kurhaus", das ursprünglich als Empfangs-, Gesellschafts-, Tanz- und Speisehaus gedacht war. Architekturgeschichtlich handelt es sich beim „Kurhaus" um eine der besten Leistungen des Klassizismus in Norddeutschland, wobei stilistisch der Einfluss der namhaften Berliner Bauschule unübersehbar bleibt.

In westlicher Richtung schließen sich weitere, ursprünglich weitgehend fürstlicher Nutzung vorbehaltene Gästehäuser an, so die „Burg Hohenzollern" und kleinere Villen, die alle nach 1840 nach Demmler Plänen ausgeführt worden sind. Nach der komplexen Rekonstruktion ihres ursprünglichen Aussehens, das sich am so genannten „Castellated Style" orientiert, verführt die „Burg Hohenzollern" inmitten des bis ins beginnende 20. Jahrhundert sorgsam gehüteten, klassizistischen Ortsbildes zu einem

HEILIGENDAMM
Ältestes deutsches Seebad mit klassizistischem Gebäude[illegible]

visuellen Exkurs in die Burgenromantik jener Zeit. Die östlich der jüngst errichteten Seebrücke erbauten Villen entstanden um 1850 – sie harren noch der Restauration. Heiligendamms Bauten ist ein unübersehbarer repräsentativer Zug eigen, nicht aber jene Architekturleistungen, die bezeichnend werden sollten für die Modebäder der Zeit um 1900.

Das klassizistische Kleinod hat viel Auf und Ab gesehen. Nach 1945 als Sanatorium genutzt, stand es seit 1990 leer. 1997 übernahm die Kölner Fundus-Gruppe das historische Ensemble, das seit 2000 unter Beachtung denkmalpflegerischer Belange zu einem der exklusivsten Seebäder Europas gestaltet wurde. Das Kempinski Grand Hotel eröffnete 2003.

Nun ist die Unterbringung in einer Nobelherberge bestimmt nicht jedermanns Sache. Deshalb sei der – familienfreundlich mit „Molli" zu erreichende – Nachbarort Kühlungsborn empfohlen, wo oft im Stil der so genannten Bäderarchitektur entstandene Pensionen und Villen zur Beherbergung einladen.

Lage Nähe Doberan, direkt am Meer
Anfahrt A20 Lübeck-Rostock, Ausfahrt Bad Doberan oder Kröpelin
Anschrift Kempinski Grand Hotel 18209 Heiligendamm Fon 038203 74 00 www.kempinski-heiligendamm.de
Zugang schwierig, nur für Hotelgäste

BAD DOBERAN

Die Geschichte von Doberan reicht bis ins Jahr 1186 zurück. Damals gründete hier Heinrich Borwin I., ein Sohn des Obodritenfürsten Pribislaw, ein Zisterzienserkloster, dessen erhalten gebliebene hochgotische Kirche jedem Kunstfreund ein Begriff ist. Im Ostseeraum zählt sie zu den schönsten Backsteinbauten. Das 1368 geweihte Bauwerk ist reich an mittelalterlicher Ausstattung, die in stilistischer und ikonographischer, aber auch in liturgiegeschichtlicher Hinsicht Höhepunkte bietet.

BAD DOBERAN
Klosterkirche

Nach der Säkularisation versank Doberan allmählich in einen Dornröschenschlaf. Größere Bedeutung erlangte der Ort erst wieder, nachdem im nahe gelegenen **Heiligendamm** 1793 das erste deutsche Seebad eröffnet worden war und der Schweriner Hof hier eine Sommerresidenz anlegen ließ. Die in der Folgezeit entstandenen klassizistischen Wohn-, Gesellschafts- und Kurbauten bestimmen das Ortsbild bis heute und lassen die städtebauliche Absicht deutlich zu Tage treten. Den Mittelpunkt der Neubebauung bildet ein annähernd dreieckiger, parkartigen Platz, der Kamp. Ihn säumen repräsentative, locker aneinander gereihte Bauten, die fast ausnahmslos nach Entwürfen des Langhans-Schülers Carl Theodor Severin (1763-1836) entstanden sind. Die Ostflanke vom Kamp ist belegt durch ein „Logierhaus" (1793, nach Entwurf von Johann Christoph Heinrich v. Seydewitz), das Salongebäude (1802, Festsaal von 1819-21) und das Große Palais (1806-09). Das einstige Schauspielhaus (1806) musste 1888/89 dem Gymnasium von Gotthilf Ludwig Möckel (1838-1915) weichen. Nördlich wird die Platzbebauung durch das Haus Medini (1825) bestimmt. Südlich, am Angelpunkt des Ensembles, markieren in verhaltener Festlichkeit zwei in Korrespondenz gesetzte Wohnbauten – das ehemalige Prinzenpalais (1810-12) und das Haus Gottesfrieden (1823/24) – den Zugang zum Kamp. Hierbei bediente sich Severin gleichartiger Architekturmotive, der hohen Bogennische, eines typischen Details der Berliner Bauschule. Der Kamp selber wurde bereits 1793 parkähnlich gestaltet und später durch zwei der Chinamode verpflichtete Pavillonbauten, den Roten Pavillon und den Weißen Pavillon (1808/09 bzw. 1810-13) bereichert.

Als eigentliches urbanes Zentrum entstand ab 1820 westlich vom Kamp der Neue Markt, allerdings unter wesentlich sparsamerem Bauaufwand.

Städtebaulich wird eine räumlich-kompositorische Abgrenzung vom Fürstensitz, dem Großen Palais, vermieden. Fraglos mag dies mit dem besonderen Charakter Doberans als Sommerresidenz fernab steifen Hofzeremoniells zusammenhängen. Das lang gestreckte Palaisgebäude, das sich durch eine Portalnische mit vier eingestellten ionischen Säulen zu erkennen gibt, birgt in seinem ovalen Gartensaal eine Rarität: In vorzüglichem Zustand blieben hier – neben bemalter Decke und intarsiertem Parkettboden – kostbare Wandtapeten erhalten, die um 1820 in der Pariser Manufaktur Dufour in Grisaille-Manier gedruckt wurden. Sie stellen in szenischer Abfolge die Geschichte von Amor und Psyche dar.

Lage 15 km westlich von Rostock
Anfahrt A20, B105, per Bahn von Wismar oder Rostock
Anschrift Touristinformation Bad Doberan Alexandrinenplatz 2 18209 Bad Doberan Fon 038203 621 54 www.bad-doberan.de

HOHEN LUCKOW

Ein Hinweis auf den Hohen Luckower Herrensitz wird in keinem Kunst- und Reiseführer über Mecklenburg-Vorpommern fehlen dürfen. Im 16 Kilometer südlich von Bad Doberan gelegenen Dorf Hohen Luckow entstand das inzwischen restaurierte Barockgebäude 1707/08 für Christoph v. Bassewitz († 1743). Langjährige Hofdienste mögen ihn als Auftraggeber für künstlerische Belange sensibilisiert haben, so dass ein Bauwerk entstand, das weit über das damals Übliche hinaus ging. Architektonisch haftet dem Schlossbau ein unübersehbarer holländischer Zug an. Der blockhafte Baukörper, die Fassadengliederung und nicht zuletzt das System des Baudekors erinnern entfernt an das wesentlich prachtvollere Rossewitz.

Im Inneren hat sich die ursprüngliche Raumaufteilung weitgehend erhalten. Die reichen, vielleicht von italienischen Künstlern geschaffenen Deckenstuckaturen kulminieren im Rittersaal. Hier finden sich zudem an den Wänden Stuckreliefs mythologisch-allegorischen Inhalts sowie der Stammbaum des Bauherrn, die so genannte Ahnenprobe.

SCHLOSS HOHEN LUCKOW
Ein blockhafter Baukörper mit holländischen Zügen

Der mehrfach, zuletzt nach dem Brand von 1934 überarbeitete Gutshof überzeugt als geschlossenes Ensemble vorzüglich gepflegter Wirtschaftsbauten. Die mittelalterliche, in den Gutsbereich integrierte Dorfkirche birgt eine kostbare, teilrestaurierte Barockausstattung.

Lage 16 km südlich Bad Doberan
Anfahrt A 20 Wismar-Rostock Ausfahrt Bad Doberan
Anschrift Schloss Hohen Luckow 18239 Hohen Luckow
Fon 038295 76 50 www.guthohenluckow.de
Nutzung Gästezimmer Konzerte Landwirtschaft
Zugang zu Konzerten und am Tag des offenen Denkmals geöffnet. Führungen für Gruppen nach Absprache

GNEMERN

Freunde von Wasserburgen kommen 25 Kilometer südlich von Bad Doberan, in Gnemern auf ihre Kosten. Die Geschichte der Anlage, deren Grabensystem weitgehend erhalten blieb, lässt sich bis ins 13./14. Jahrhundert zurückverfolgen. Gnemern ist ein kleines Schloss mit besonderem Charme. Vom mittelalterlichen Baukern stammt ein kapellenartiger Raum mit spätgotischem Netzgewölbe. Im Jahre 1676 beschädigte ein Brand den mittelalterlichen Wohnbau. Unter Einbeziehung älterer Teile wurde er in schlichteren Formen ab 1682 wieder hergestellt. In diesen Formen zeigt er sich noch heute.

Lage Dorfkern, Dorf ist um Wasserschloss gruppiert
Anfahrt Über A 20, Abfahrt Kröpelin, Richtung Kröpelin, dann nach Westen
Anschrift Wasserschloss Gnemern Schloßstr. 1 18246 Gnemern
Herr Manfred Kohlschmidt Fon 038464 201 85
www.wasserschloss-gnemern.de
Nutzung Ausflugsziel mit Antik Café und Möbelausstellung, Accessoires und Öfen aller Art, Feiern in historischem Ambiente
Zugang Führungen nach Absprache (jederzeit) auch durch Schlossherrn persönlich

Wasserschloss Gnemern
Kleines Schloss mit viel Charme

11 RITTERGUT BANDELSTORF

Etwa 12 km südöstlich von Rostock, am Rande des Urstromtales der Kösterbeck gelegen, findet man die gut erhaltene, typisch mecklenburgische Gutsanlage des ehemaligen Rittergutes Bandelstorf. Die meisten heute hier vorhandenen Gebäude wurden um die Jahrhundertwende erbaut. Das Gutshaus ist jedoch älter und im Laufe der zurückliegenden 150 Jahre mehrfach durch An- und Umbauten, wie Turm (nach 1904 erbaut) und Wintergarten (um 1920 erbaut, Architekt Paul Korff), baulich verändert worden.

Bei Restaurierungsarbeiten wurden Hinweise darauf gefunden, dass am Standort des heutigen Gutshauses eine mittelalterliche Vorbebauung vorhanden war, deren Fundamente noch vorhanden sind. Die früheste bekannte Erwähnung des Ortsnamens ist das Jahr 1242. Die Bezeichnung soll vom altslawischen „Badimeru" herrühren. Das heißt „Ort des Badmer", eines Menschen, der vom Wesen her „Ruhm hat".

Seit der ersten urkundlichen Erwähnung des Ortes bis 1827 war das Rittergut im Besitz der Familie von Preen. Danach gab es bis 1945 drei verschiedene Besitzer. Nach 1945 bis 1991 war das Gut in staatlichem Besitz. Es wurde u. a. als Lehr- und Versuchsgut der Universität Rostock und der Akademie der Landwirtschaftswissenschaften genutzt. Danach wurde der landwirtschaftliche Betrieb privatisiert. Seit 1991 bemüht sich der Förderverein Rittergut Bandelstorf e. V. um die Erhaltung und Nutzung der eigentlichen Hofanlage, die Eigentum der Gemeinde Dummerstorf im Amt Warnow-Ost und durch den Förderverein langfristig gepachtet ist. Es wurden mit Unterstützung von Sponsoren sowie mit Hilfe von Förderung durch die BfA, das Land Mecklenburg-Vorpommern und die Kreisverwaltung Bad Doberan umfangreiche Sanierungs- und Restaurierungsarbeiten durchgeführt und u. a. ein Gästehaus eingerichtet, das 32 Besuchern Platz bietet. Die Räume im Gutshaus dienen unterschiedlichen Kultur- und Bildungsveranstaltungen. Eine Oldtimersammlung und eine Sammlung historischer Büromaschinen stehen zur Besichtigung ebenso wie der historisch interessante Gutshof.

Rittergut Bandelstorf
Eine gut erhaltene mecklenburgische Gutsanlage

Ein besonderer Höhepunkt ist der jährliche „Tag des offenen Denkmals" am 2. Wochenende im September.

Dieses Haus wird in diesem Buch auch deshalb so ausführlich beschrieben, weil es stellvertretend für viele ähnliche Häuser steht. Überall bemühen sich engagierte Menschen um den Erhalt, den Ausbau und die langfristige finanzielle Absicherung ihrer Objekte. Charlotte Hamann ist die 1. Vorsitzende, Ulla Jürges Geschäftsführerin des Rittergutes – alles ehrenamtlich! Hier wohnen Sie einfach, aber romantisch und gut ... und preiswert.

Lage 12 km südöstlich Rostock
Anfahrt A20, A19, Abfahrt Dummerstorf
Anschrift Förderverein Rittergut Bandelstorf e.V. Am Gutshof 1 18196 Bandelstorf Fon 038208 12 36
Nutzung Kultur- und Bildungseinrichtung Gästehaus
Zugang nach Anmeldung möglich

REEZ

Eine wenig bekannte, aufgrund ihrer relativen Geschlossenheit aber durchaus noch beeindruckende Gutsanlage hat sich in Reez erhalten, einem Ort, der bereits 1283 erstmalig urkundlich erwähnt worden ist. Das Herrenhaus, ein zweigeschossiger, später leicht veränderter Backsteinbau mit sparsamen klassizistischem Dekor, mag um 1825-30 entstanden sein. Zeitgleich errichtet wurden im gleichen Material Wirtschaftsgebäude wie das Inspektorhaus und die Schmiede, nicht zu vergessen die Katenzeile, die bogenartig zur älteren Kapelle (Rokokoausstattung) führt. Reizvoll ist die einstige Gutsschmiede, bei der vier antikisierende Säulen die Vorlaube tragen, so dass das kleine Bauwerk an einen Tempel erinnert.

Im benachbarten **Groß Viegeln** entstand um 1825-30 ein weiterer, ebenfalls in Backstein aufgeführter Gutshof. Leider sind die Wirtschaftsbauten, insbesondere die beiden Rundscheunen nicht erhalten. Das einstige Herrenhaus lässt in verknappter Form klassizierenden Dekor erkennen, was offensichtlich mit bestimmten Rationalisierungsbestrebungen innerhalb des damaligen Architekturgeschehens in Zusammenhang steht.

Zu empfehlen bleiben Abstecher nach **Kavelstorf**, wo einer eindrucksvollen, landschaftsbestimmenden Feldsteinkirche aus der Mitte des 13. Jahrhunderts Aufmerksamkeit gebührt. Von der Dummerstorfer Gutsanlage ist das zu Beginn des 20. Jahrhunderts errichtete Getreidesilo erwähnenswert.

Lage bei Rostock
Nutzung erhaltene Gutsanlage in Privatbesitz

MECKLENBURGISCHE SCHWEIZ UND RECKNITZNIEDERUNG

Mecklenburgische Schweiz und Recknitzniederung

Gingst
Ummanz
Thesenvitz
Kleiner Jasmunder Bodden
Prorer Wiek
Boldevitz
Parchtitz
Bergen auf Rügen
Ostseebad Binz
Unrow
Kubitzer Bodden
Klausdorf
Dreschvitz
Zirkow
Ostseebad Sellin
Tilzow
Groß Mohrdorf
R ü g e n
Lancken-Granitz
Ostseebad Baabe
Prohn
Rambin
Karnitz
Putbus
Lauterbach
Altenpleen
Preetz
Strelasund
Samtens
Middelhagen
Ostseebad Göhren
Schmedshagen
Altefähr
Kowall
Krönnevitz
Garz
Gager
Freienlande
Niepars
Gustow
Swantow
Dumsevitz
Thiessow
Pantelitz
Stralsund
Poseritz
Lüssow
Rügischer Bodden
Thiessower Haken
Borgwallsee
Venzvitz
Zudar
Schoritzer Wiek
Wendorf
Jakobsdorf
Zarrendorf
Brandshagen
Steinhagen
Elmenhorst
Reinberg
Greifswalder Bodden
Richtenberg
Behnkendorf
Miltzow
Franzburg
Wittenhagen
Kirchdorf
Peenemünde
Stoltenhagen
Wilmshagen
Lubmin
Freest
Papenhagen
Mesekenhagen
Groß Lehmhagen
Horst
Wampen
Loissin
Wusterhusen
Kröslin
Willerswalde
Neuenkirchen
Bartmannshagen
Brünzow
Rubenow
Spliestdorf
Willershusen
Wackerow
Groß Ernsthof
Grimmen
Levenhagen
Kemnitz
Bassin
Neuendorf
Greifswald
Lodmannshagen
Wolgast
Kirch Baggendorf
Griebenow
Neu Boltenhagen
Katzow
Wüsteney
Wendisch Baggendorf
Zarnewanz
Kandelin
Weitenhagen
Diedrichshagen
Poggendorf
Dersekow
Grubenhagen
Wrangelsburg
Hohendorf
Rakow
Groß Kiesow
Grammendorf
Glewitz
Düvier
Sassen
Groß Zastrow
Dargelin
Müssow
Lühmannsdorf
Buddenhagen
Keffenbrink
Gülzowshof
Görmin
Stresow
Züssow
Zemitz
Gösłow
Kammin
Karlsburg
Trantow
Schmeldow
Kölzin
Thurow
Buggow
Loitz
Peene
Kuntzow
Ranzin
Klein Bünzow
Rubkow
Groß Methling
Nossendorf
Bentzin
Gützkow
Gribow
Krenzow
Brudersdorf
Trebel
Wüstenfelde
Breechen
Owstin
Wotenick
Pensin
Zemmin
Schmatzin
Konsages
Beestland
Kletzin
Jarmen
Murchin
Tutow
Kagenow
Lüssow
Kloster- und Schlossanlage
18
Dargun
Demmin
Kruckow
Kronsberg
Neetzow
Liepen
Groß Polzin
Ziethen
Kartlow
Stolpe
Jargelin
Sanzkow
Völschow
Upost
Schmarsow
Neu Plötz
Wussentin
Tramstow
Anklam
Teusin
Medow
Butzow
Schönfeld
Alt Tellin
Krusenfelde
Verchen
Buschmühl
Utzedel
Roidin
Postlow
Woserow
Daberkow
Krien
Metschow
Beggerow
Nerdin
Pelsin
Kummerower See
Hohenbüssow
Bartow
Hohen-brünzow
Hohenmocker
Neuenkirchen
Neu Kosenow
Meesiger
Klempenow
Borrentin
Peeselin
Neuendorf B
Dennin
Panschow
Breetz
Golchen
Spantekow
Ducherow
Hohen-bollentin
Sarow
Sommersdorf
Fasanenhof
Japenzin
Wusseken
Burow
Kummerow
Prützen
Sarnow
Seltz
Lindenberg
Weltzin
Ramelow
Schwerinsburg
Neu Kentzlin
Rubenow
Grammentin
Gültz
Kessin
Wodarg
Schwanbeck
Dishley
Boldekow
Putzar
Buchar
Putzarer See
Kriesow
Tützpatz
Grapzow
Werder
Kleiner Landgraben
Kavelpaß
Röckwitz
Pripsleben
Klatzow
Beseritz
Schwichtenberg
19
Ivenack
Schossow
Grischow
Salow
Reuterstadt Stavenhagen
Altentreptow
Friedland
Gülzow
Japzow
Brunn
Wolde
Ganzkow
Kotelow
Pribbenow
Wildberg
Neddemin
Jürgensdorf
Groß Teetzleben
Staven
Galenbecker See
Zettemin
Genzkow
Knorrendorf
Lebbin
Neverin
Datze
Witenborn
Tollense
Bassow
Friedrichsruh
Brohm
Briggow
Rosenow
Trollenhagen
Sandelkow
Kittendorf
Pinnow
Woggersin
Neuenkirchen
Glienke
Eichhorst
Schönbeck
Bredenfelde
Rattey
Möllin
Voigtsdorf
Varchentin
Groß Helle
Blankenhof
Neubrandenburg
Lindow
Schönhausen
Groß Varchow
Wrodow
Kublank
20
Gevezin
Wulkenzin
Weitin
Pragsdorf
Groß Flotow
Hochkamp
Ulrichshof
Groß Miltzow
Groß Plasten
Puchow
Mallin
Marihn
Klein Lukow
Bargensdorf
Cölpin
Neu Käbelich
Strasburg
Krukow
Helpt
Marienhof
Tollensee
Carlslust
Möllenhagen
Penzlin
Groß Dratow
Rowa
Burg Stargard
Petersdorf
Woldegk
Wendorf
Mollenstorf
Lübkow
Sabel
Ballin
Lemmersdorf
Groß Vielen
Zippelow
Groß Nemerow
Teschendorf
Goldenswege
Wolfshagen
Nationalpark

Schloss Güstrow
Kleinkunstfestival Sommertraum am Renaissanceschloss

12 SCHLOSS GÜSTROW

In der deutschen Architektur des 16. Jahrhunderts steht das Güstrower Renaissanceschloss einzig da. Es ist der größte erhaltene Bau dieser Stilepoche in Mecklenburg-Vorpommern. Das heutige, 1963-76 grundlegend restaurierte Schloss erhebt sich teilweise über den Fundamenten eines mittelalterlichen Vorgängerbaus.

Auftraggeber des Schlossneubaus war Herzog Ulrich († 1603), der sich nach heftigen Auseinandersetzungen mit sei-

SCHLOSS GÜSTROW
Größtes erhaltenes Renaissanceschloss in Mecklenburg-Vorpommern

nem Schweriner Bruder Johann Albrecht I. 1556 den Güstrower Landesteil erstritten hatte. Noch im gleichen Jahr ehelichte er die dänische Königstochter Elisabeth, aus deren Mitgift vermutlich ein Großteil des ehrgeizigen Bauvorhabens finanziert wurde. Das Güstrower Schloss galt für Jahrzehnte als modernster Fürstensitz des Landes, so dass es nicht verwundert, dass auch Albrecht v. Wallenstein († 1634) während seines kurzen mecklenburgischen Intermezzos hier vorübergehend Residenz nahm (1628/29). Die eher bescheiden anmutenden baulichen Veränderungen der beginnenden Barockzeit fügen sich dem Gesamtbild ein.

Brandschäden an der alten Fürstenburg hatten Herzog Ulrich willkommenen Anlass geboten, ein modernes Residenzschloss errichten zu lassen. Hierzu konnte der Architekt Franz Parr († 1580) gewonnen werden, der aus einer Handwerkerfamilie aus Oberitalien stammte, die ins schlesische Brieg abgewandert war. Er führte ab 1558 den architekturgeschichtlich bedeutsamen Süd- und Westflügel aus. 1583 wurde der Niederländer Philipp Brandin († 1594) Hofbaumeister, nach dessen Entwürfen der Nord- (ab 1587/88) und Ostflügel (1592-94) ausgeführt wurden. Stilistisch verschmelzen im Güstrower Schlossbau verschiedene europäische Einflüsse miteinander. Die markante, fassadengliedernde Putzquaderung und die dreigeschossige Arkadengalerie an der Hofseite des Südflügels sind Elemente italienischer Palastarchitektur. Zurückhaltung übt das niederländische Formengut des Nordflügels. Auf Entlehnungen aus der französischen Schlossbaukunst deuten vor allem die pavillonartig ausfluchtenden Ecktürme sowie die Treppentürme hin. Und die ungebrochene Kraft heimischer Bautradition zeigt sich in den aufwändigen Giebelaufbauten und der bewusst asymmetrischen Komposition einzelner Bauglieder.

Das wie ein Triumphbogen konzipierte Torhaus der Schlossanlage (1670/71) entstand nach Entwürfen von Charles Philippe Dieussart († 1696). Der Jagdsaal, die Untere und Obere Hofstube, der große, imposante Festsaal sowie die Räume der Herzogin mit ihrem kostbaren Deckenschmuck vermitteln Vorstellungen von einstiger innenarchitektonischer Renaissancepracht.

Schloss Güstrow
Gartenanlage ist eine Rekonstruktion nach historischen Vorbildern

Nach dem Tod des letzten Güstrower Herzogs (1695) wurde das Schloss nur noch unzureichend genutzt. Dies war der Grund für den Verfall zum heutigen Torso. Der ab 1963 durchgeführten umfassenden Restaurierung ist vor allem die Sicherung und Wiederherstellung wichtiger Innendekorationen zu verdanken. 1972 wurde das Schlossmuseum eröffnet, das u. a. Waffen des 16.-18. Jahrhunderts, Glas und Keramik von der Antike bis zur Neuzeit, Werke der Malerei aus Renaissance, Barock und der einstigen DDR sowie die einmalige Mittelaltersammlung des Staatlichen Museums Schwerin zeigt.

Die Gartenanlage des Schlosses stellt eine 1978 abgeschlossene Rekonstruktion nach historischen Vorlagen dar. Ziel war es, das Erscheinungsbild eines Renaissancegartens annähernd wieder erstehen zu lassen.

Neben den historischen Festräumen ist im Museum des Schlosses Kunst aus der Antike, dem Mittelalter und der Renaissance zu sehen. Glas von der Antike bis zur Moderne, Jagd- und Prunkwaffen sowie Münzen ergänzen die Ausstellung. Jeden 3. Sonnabend im Juli findet der Sommertraum am Alten Schloss statt, ein internationales Kleinkunstfestival zur Zeit der Lavendelblüte.

Lage 40 Kilometer südlich von Rostock
Anfahrt A19, B103 und B104, Regionalbahn, Radfernroute R7
Anschrift Schloss Güstrow Franz-Parr-Platz 1 18273 Güstrow Fon 03843 75 20 www.schloss-guestrow.de
Nutzung Veranstaltungen Museum im Schloss. Direkt nebenan am Franz-Parr-Platz 10 befindet sich das sehenswerte Stadtmuseum in neuen Räumen

Die Stadt Güstrow ist reich an kostbaren Bau- und Kunstdenkmalen, die eine Besichtigung unbedingt lohnen. Die 1308 erstmals erwähnte Pfarrkirche St. Marien birgt einen wertvollen niederländischen Altar aus der Werkstatt des Brüsseler Meisters Jan Bormann (um 1520). Auch der 1226 gestiftete Dom verfügt über bemerkenswerte Ausstattungsstücke, von denen Barlachs 1927 geschaffenes Güstrower Ehrenmal – der sogenannte „Güstrower Engel" – am bekanntesten sein dürfte.

Von einstiger wirtschaftlicher Blüte Güstrows um 1800 künden die prachtvolle Rathausfassade (1797), hinter der sich übrigens vier mittelalterliche Giebelhäuser verbergen, sowie zahlreiche klassizistische Bürgerhäuser und Funktionsbauten. Ein Sohn der Stadt ist der durch seine Interieurbilder bekannt gewordene Maler Georg Friedrich Kersting (1785-1847). Der bedeutende Künstler Ernst Barlach (1870-1938) schuf in Güstrow zwischen 1910 und 1938 seine Hauptwerke.

VIETGEST

Der Ort Vietgest lohnt einen Abstecher. Hier steht ein Schloss, das schon von fern durch seine bewegte Silhouette einladend wirkt und 1792-94 als eine der letzten großen ländlichen Barockanlagen in Mecklenburg-Vorpommern entstand. Das Haus von J.G.F. Boldt zeichnet sich durch eine schlichte Putzfassade aus und dokumentiert den Übergang vom Barock zum Rokoko.

Vielleicht blieb das Schloss unvollendet, denn manches spricht dafür, dass ein raumgreifender Ehrenhof vorgesehen war. Die anempfundenen, jetzt leider abgängigen Wirtschaftsbauten stammen aus dem 20.Jahrhundert, während das etwas ältere, kastenförmige Backsteinhaus früher eine „Schnitterkaserne" war, also während der Ernte zur Aufnahme von Saisonarbeitern diente. Lediglich der axial auf das Schlossportal ausgerichtete Rest einer Allee wird auf ursprüngliche Planungsabsichten zurückgehen, vermittelt diese Pflanzung doch – ähnlich wie im benachbarten Diekhof – die Weite der Landschaft. Im 19.Jahrhundert erfolgte die Umgestaltung des westlichen Parkteils in einen Landschaftspark. Mit Lindenallee, alten Eichen (Stammumfang 7 Meter), Rotbuchen und Waldweiher bilden Haus und Gartenanlage eine architektonische Einheit.

Die umfassende und vorbildliche Sanierung des Schlossgebäudes und die Restaurierung der Zopfstil-Dekorationen im Festsaal erfolgten 1979-89. Damals wurden auch die Barockkonturen der Parkanlage herausgearbeitet.

Lage 15 Kilometer östlich Güstrow, Alleinlage am Ortsrand
Anfahrt Autobahn Berlin-Rostock, Abfahrt Teterow, Richtung Teterow
Adresse Schloss Vietgest Schlossstr. 4 18279 Vietgest
Fon 038452 224 34 www.hotel-schloss-vietgest.de
Nutzung Hotel Restaurant Hochzeiten

Schloss Vietgest
Eine der letzten großen ländlichen Barockanlagen

JAGDSCHLOSS BELLIN

Von Güstrow bietet sich ein Ausflug ins nahe gelegene Dorf Bellin an. Hier, etwa 10 km südlich von Güstrow, hat sich ein Gutsensemble von seltener Geschlossenheit erhalten. Der schon in vorgeschichtlicher Zeit besiedelte Ort wurde 1229 erstmals erwähnt. An jene frühdeutsche Siedlungsperiode erinnern die bescheidenen Überreste einer Wasserburg sowie die bemerkenswerte Dorfkirche. Es handelt sich dabei um einen spätromanischen Feldsteinbau, der westfälischen Vorbildern folgt.

Das Gut hat schon viele Besitzer gesehen. 1662 gelangte es an das neue Adelsgeschlecht derer v. Sala. Auf sie geht der

Jagdschloss Bellin
Wintergarten und Freitreppe, die zum Park führt

Mitte des 18. Jahrhunderts errichtete Gutshof zurück. Sein architektonisches Glanzstück stellt das Torhaus dar. 1910 wechselte die Besitzung erneut. Diesmal ging das Gut an den Hamburger Reeder Henry Brarens Sloman († 1931).

Nun steht man vor dem imposanten, von Paul Korff entworfenen neobarocken Gebäude, das 1910-12 anstelle eines älteren Vorgängerbaus errichtet wurde. An der Nordseite dieses Jagdschlosses liegt das repräsentative Hauptportal. Die Südseite wird gegliedert durch einen aufwändigen Wintergarten mit davor liegender großer Freitreppe, die zum Parkbereich vermittelt Das Herrenhaus wird umgeben von einer 10 Hektar großen parkähnlichen Landschaft mit altem Baumbestand, Pavillons, Gondelteich, Seerosenteichen und Mausoleum.

Henry Brarens Sloman ließ aus dem heruntergewirtschafteten Gut einen weithin anerkannten Musterbetrieb entstehen. Hiervon künden die Landarbeiterhäuser, die bis heute stilistische Eigenarten des Heimatstils bewahrt haben, die Wirtschafts- und Funktionsbauten und der Wasserturm. Das Jagdschloss mit seinen neobarocken Formen fügt sich in das historische Gutsensemble hervorragend ein. Damit verbunden war eine sorgfältige Überarbeitung der Parkanlage.

Nach dem Zweiten Weltkrieg diente das Haus als Erziehungsheim für namibische Kinder. Das herrschaftliche Jagdschloss mit seinen 50 Zimmern ging 1997 von der Treuhand zurück in den Slomanschen Familienbesitz und wurde aufwändig restauriert. Heute ist es mit neun großzügigen individuellen Appartements sowie drei Doppelzimmern ein Hotel.

Lage Südlich Güstrow, äußerst ruhig
Anfahrt A 19 Abfahrt Krakow am See oder B 192 Goldberg – Güstrow
Anschrift Jagd Schloss Bellin 18292 Bellin (Güstrow) Fon 038458 32 20 www.jagdschloss-bellin.de
Nutzung Appartementhotel Veranstaltungen Hochzeiten Seminare
Zugang Garten- und Außenbesichtigung möglich

JAGDSCHLOSS BELLIN
Ein imposantes neobarockes Gebäude

13 JAGDSCHLOSS GELBENSANDE

Ein Käufer oder Investor wollte sich partout nicht finden, dem architektonischen Kleinod in der Rostocker Heide drohte das Aus. Doch einige engagierte Bürger konnten das Jagdschloss retten.

Das verlangt nach Anerkennung: Gelbensander und einige Nachbarn wollten sich nicht mit dem Niedergang des Orts-Wahrzeichens abfinden. Der 1995 gegründete Förderverein übernahm die Verantwortung und die kleine Gemeinde engagierte sich, alles mit dem Ziel einer schrittweisen Rekonstruktion zu sinnvoller gesellschaftlicher wie privatwirtschaftlicher Nutzung. Seit 1996 zeigt der Förderverein die restaurierten Räume der Repräsentationsetage mit verschiedenen Ausstellungen. Sie sind auch ein außerordentlich eindrucksvolles Ambiente für Konzerte und Trauungen.

Das idyllisch gelegene Jagdschloss vereint englischen Landhausstil mit Elementen russischer Folklorearchitektur, fasziniert durch prachtvolle Kamine, reich ornamentierte Balkendecken, heimelige Kabinette, überrascht mit bauzeitlicher Haustechnik und ungewöhnlichen Originaldetails.

Das 1885/86 nach Plänen von Gotthilf Ludwig Möckel entstandene Sommer- und Jagdhaus wurde für den Schweriner Großherzog Friedrich Franz III. und seine Frau Anastasia Michailowa, Großfürstin von Russland, errichtet. Es vermag auf gewichtige europäische Familienbande seiner einstigen Bewohner zu verweisen. Als Elternhaus der Kronprinzessin Cecilie und der dänischen Königin Alexandrine weilten beide mit ihren Familien häufig als Gäste in Gelbensande. Aber wer weiß schon, dass Großherzogin Anastasia leidenschaftlich gern Tennis spielte und deshalb unweit vom Schloss einen Tennisplatz anlegen ließ, um berühmte Tennisspieler wie die Brüder Doherty nach Gelbensande einzuladen. Auch ihre ungewöhnliche Vorliebe für das Autofahren entdeckte die Großherzogin und organisierte 1901 eine Sternfahrt zum Jagdschloss, an der 40 Automobile teilnahmen.

Jagdschloss Gelbensande
Englischer Landhausstil und russische Folklorearchitektur

Lage am Rand der Rostocker Heide, auf halber Strecke zwischen Rostock und Ribnitz-Damgarten
Anfahrt B105 bzw. E22
Anschrift Jagdschloss Gelbensande Am Schloss 1 18182 Gelbensande Fon 038201 475 www.jagdschloss-gelbensande.de
Nutzung Museum Standesamt Kulturstätte
Zugang Innenbesichtigungen möglich Fr geschlossen

SCHLEMMIN

In abgeschiedener, waldreicher Gegend liegt das Dorf Schlemmin mit seinem neugotischen Schloss und einem ausgedehnten Park – eine Besitzung, die seit 1320 bei der Familie v. Thun war. Noch bis ins 19. Jahrhundert hatten sich die Überreste einer mittelalterlichen, von Wasserläufen geschützten Wehranlage erhalten, die nun zur Dokumentation von historischen Kontinuitäten durch einen repräsentativen Neubau ersetzt werden sollte. Hierzu konnte der bekannte Berliner Architekt Eduard Knoblauch gewonnen werden. Das malerische, 1846 begonnene Bauwerk trägt den Charakter einer Wasserburg. Zeitgenössischem Geschmack folgend, vereint es verschiedene Elemente der Burgenarchitektur, so den asymmetrisch angesetzten, zinnenbewehrten Turm, wie es auch sonst an Details wie Erker, Giebel und Zinnenkränzen nicht fehlt. An das Schloss schließt sich ein Park auf älterer Grundlage an. Eine Reihe von Wirtschaftsbauten der ehemaligen Gutsanlage blieb erhalten. Auch sie sind in gotisierendem Geschmack errichtet und fügen sich ensembleartig zum Hauptbau.

Unweit von Schlemmin, in **Semlow**, blieb ein später mehrfach verändertes Herrenhaus erhalten, das um 1830 nach Plänen des Strelitzer Baumeisters Friedrich Wilhelm Buttel (1796-1869) errichtet worden ist. An das Gebäude schließt sich ein ca. 20 Hektar großer, zwischen 1851-55 angelegter Landschaftspark an. Die Pläne hierfür gehen auf Gustav Meyer zurück, einen Mitarbeiter Lenné's. Buttel ist ein weiterer, im 19. Jahrhundert in Mecklenburg tätiger Architekt, dessen Spuren sich vor allem

Schloss Schlemmin
Vereint verschiedene Elemente der Burgenarchitektur

im Strelitzer Landesteil finden. Sein bekanntestes Werk ist die dortige Schlosskirche von 1854-59. Ein weiteres, ebenfalls gotisierendes Herrenhaus, an dessen Umbauplänen Buttel um 1840 gearbeitet hat, befindet sich in **Leppin**. Das eigenwillige Gebäude, bei dem die Seitenflügel stumpfwinklig ans Haupthaus stoßen, ist inzwischen verständnisvoll restauriert worden.

Zu empfehlen bleibt ferner ein Abstecher nach **Eixen**. Die dortige Dorfkirche wurde als Feldsteinbau um die Mitte des 13. Jahrhunderts errichtet. Von der barocken Ausstattung sticht ein spätgotischer Schnitzaltar ab. Möglicherweise stammt er aus der Werkstatt, in der auch die Güstrower Domapostel geschaffen worden sind.

Lage Zwischen Ribnitz-Damgarten und Richtenberg
Anfahrt B105, in Damgarten Richtung Richtenberg
Anschrift Park-Hotel Schloss Schlemmin Am Schloß 2
18320 Schlemmin Fon 038225 51 60
www.schloss-schlemmin.de
Nutzung Hotel

Gut Dalwitz
Eine beeindruckende barocke Gutsanlage

14 GUT DALWITZ

In den landwirtschaftlich geprägten Regionen Mecklenburgs haben sich nordöstlich von Güstrow viele Beispiele historischer Gutsaanlagen erhalten. Eine Tour ausgehend von Dalwitz, 23 Kilometer nordöstlich von Güstrow am Rand zur Mecklenburgischen Schweiz gelegen, erschließt so vielgestaltige Anlagen wie die von Lühburg, Kölzow, Prebberede, Tellow und Rossewitz.

In der Gutsanlage Dalwitz spiegelt sich Landesgeschichte: Funde aus der Steinzeit belegen, dass der Ort schon in grauer Vorzeit besiedelt war. Erstmals urkundlich erwähnt wurde Dalwitz im Jahr 1235. Und seit 1379 hat hier die Familie v. Bassewitz einen ihrer Stammsitze. Die Zufahrt zur Gutsanlage durch das Torhaus (1726), das offenbar einen „Kunstimport" aus Schleswig-Holstein darstellt, gestaltet sich zu einem unerwarteten, im Grunde barocken Raumerlebnis. Scheinbar unmerklich reihen sich an den Längsseiten des Hofplatzes in historistischen Formen errichtete Wirtschaftbauten und lassen den Blick zu einem architektonischen Dekorationsstück gleiten, dem zierlichen Erker des tudorgotischen Seitenflügels (1855) vom Herrenhaus. Durch diesen gestalterischen Kunstgriff werden das wesentlich ältere Wohnhaus, das einer früheren Festungsanlage entstammt, und der vorgelagerte Gutshof optisch miteinander in Beziehung gesetzt und inhaltlich miteinander verknüpft.

In der kleinen Parkanlage findet sich ein Denkmal, das auf Veranlassung der musisch veranlagten Sabina v. Bassewitz (1717-1790) gesetzt wurde. „Eine Frau von großen und seltenen Talenten", so charakterisierten sie die Zeitgenossen. Sie beschäftigte sich mit Musik und der Philosophie eines Leibniz und Wolff, korrespondierte mit Spalding und Voltaire, so dass sie in den Reigen so genannter gelehrter Damen des ausgehenden 18. Jahrhunderts einzureihen ist.

Im renovierten Gutshaus kann man jetzt nach Gutsherrenart übernachten, im Verwalterhaus von 1855 werden Ferienwohnungen angeboten. Von anderen Gutshotels unterscheidet sich die Anlage in Dalwitz besonders dadurch, dass es tatsächlich Teil eines Gutes ist, soll heißen, die Feriengäste teilen sich Gut Dalwitz unter anderem mit über 1000 Rindern. Damit es nicht zu eng wird, stehen 700 Hektar Auslauf zur Verfügung. Ganz dem Dienste an den Touristen sind die 70 Pferde und Ponys verpflichtet, schließlich hat man sich in Dalwitz auf Reiterferien – besonders auf solche für die ganze Familie – spezialisiert. Im Hofrestaurant „La Remise" wird nicht nur Hausgästen, sondern auch hungrigen Ausflüglern ländliche Küche mit französischem Flair geboten.

Lage 20 km nordöstlich von Güstrow
Anfahrt A20 Richtung Stralsund, Ausfahrt Tessin
Anschrift Lucy Gräfin von Bassewitz Dorfstr. 43 17179 Dalwitz Fon 039972 561 40 www.gutdalwitz.de
Nutzung Landwirtschaftlicher Betrieb und Ferienwohnungen
Zugang nur für Gäste, Besuchern steht das Hofrestaurant, der Hofladen und der Reiterhof zur Verfügung

LÜHBURG

Das inzwischen renovierte Lühburger Herrenhaus, 5 Kilometer nördlich von Dalwitz an der B 110 gelegen, gilt im Lande als frühes Beispiel eines dreiflügeligen Barockgebäudes (um 1720). Den Ehrenhof bilden zwei bescheidene, damals tangential an den älteren Hauptbau angesetzte Kavaliershäuser. Das Haupthaus wurde wiedererrichtet auf den Fundamenten der im 30-jährigen Krieg zerstörten Anlage. Der imposante, bis zu sechs Metern hohe und von einem breiten Graben umzogene Wall verrät den vormaligen Festungscharakter der Anlage. Wirtschaftbauten aus dem 19. Jahrhundert lassen die einstige Gutsstruktur deutlich erkennen.

Lage 5 km nördlich von Dalwitz
Anfahrt B110
Anschrift Schloss Lühburg Dorfstraße 38 17179 Lühburg Fon 039972 59 11 10 www.schloss-luehburg.de
Nutzung Ferienwohnungen

KÖLZOW

Kunst, Kulturgeschichte und Natur, die „Bühne unterm Dach", ein uriger Weinkeller, dazu ein kräftiger Schuss Asienkompetenz im Herzen von Mecklenburg-Vorpommern – so empfiehlt sich das Landhaus Schloss Kölzow. Nach mehr als zweieinhalbjähriger, oft genug komplizierter Bautätigkeit konnte ein seit 1945 zunehmend verwahrlostes, fast abbruchreifes Herrenhaus seinem Dornröschenschlaf entrissen werden. Seit 2004 bietet der am Rand vom Naturschutzgebiet Recknitztal gelegene Bau stilvolle Ruhe, Entspannung und Muße. Die Führung des Hauses liegt in den Händen der Familie von der Lühe, deren Vorfahren noch vor 1200 unter Heinrich dem Löwen als Lokatoren – also Ortsgründer – in diese Region gelangt und hier bis Ende des 18. Jahrhunderts ansässig geblieben sind. Zeugen dieser frühen Besiedelung – Kölzow wird 1233 erstmals urkundlich erwähnt – sind die urtümliche Feldsteinkirche gegenüber vom Landhaus und der Überrest einer Wehrturmanlage im Park. Spätere Generationen verlegten den Gutshof an seine heutige Stelle. Um 1850 wurde das jetzige Herrenhaus errichtet, ein spätklassizistischer zweiflügeliger Bau mit einem angefügten Turm über polygonalem Grundriss. Dieses Detail verleiht dem hinter mächtigen Bäumen versteckten Gebäude etwas romantisches. Die Säle, Zimmer und Suiten des Hauses sind individuell, vielfach mit erlesenen chinesischen Antiquitäten eingerichtet. Gesellschaftsräume, eine Bühnenanlage und Leseräume mit Literatur zu Kultur, Natur und Umwelt in Mecklenburg-Vorpommern laden zum Verweilen ein. Auch der acht Hektar große Park empfiehlt sich durch seinen alten Baumbestand.

Lage Am Rande des Naturschutzgebietes Recknitztal
Anfahrt A20 Richtung Stettin, Abzweig Sanitz, dann B110
Anschrift Landhaus Schloss Lühburg Am Park 5
18334 Dettmannsdorf-Kölzow Fon 038228 61 90
www.schloss-koelzow.de
Nutzung Ferienwohnungen

PREBBEREDE

Das 4 Kilometer südlich von Dalwitz gelegene, mittlerweile gleichfalls sanierte barocke Herrenhaus Prebberede (1772-78) entstand nach Plänen des Güstrower Baumeisters Sidon. Der ebenfalls sorgfältig restaurierte Festsaal weist bemerkenswerten Stuckdekor auf. In ihren wesentlichen Teilen blieb die Gutsanlage erhalten. Anfang des 19. Jahrhunderts entstand die einstige Gutsschmiede, ein rechteckiger Backsteinbau mit Zeltdach, dessen Vorlaube von Holzsäulen getragen wird. Die vormalige, in neogotischen Formen aufgeführte Gutskapelle (1861/62) erweist sich als Architekturzitat, folgt sie doch in freier Anlehnung dem mittelalterlichen Vorbild der Kapelle zu Doberan-Althof. Park und Festsaal öffnen sich zu musikalischen Veranstaltungen.

Schloss Prebberede bietet ebenfalls Übernachtungsmöglichkeiten, vier Ferienwohnungen und ein Doppelzimmer stehen zur Verfügung. Außerdem: Historisches Museum und wechselnde Ausstellungen.

Lage 4 km südlich von Dalwitz
Anfahrt B108, zwischen Laage und Teterow
Anschrift Schloss Prebberede 17168 Prebberede
Fon 039976 509 85
Nutzung Ferienwohnungen Museum Musikveranstaltungen
Zugang Führungen nach Anmeldung

SCHLOSS PREBBEREDE
Kulturgenuss vor dem barocken Herrenhaus

GUT TELLOW

Nordostdeutsche Agrargeschichte lässt sich im kleinen Ort Tellow, am einstigen Wirkungsort des weltweit anerkannten deutschen Nationalökonomen und Agrarwissenschaftlers Johann Heinrich v. Thünen (1783-1850), quasi vor Ort studieren. Das eher bescheidene Herrenhaus birgt ein informatives Museum und umfangreiche Archivalien, so beispielsweise die Bibliothek des Mecklenburgischen Patriotischen Vereins (1798-1934). Der gepflegte Landschaftspark mit einem interessanten Baumbestand wurde um 1810 nach Thünen-Ideen angelegt. Vom Park aus führen Wanderwege in die malerische Tellower Landschaft.

Die Gutsanlage, deren Baulichkeiten sich als ein historisch gewachsenes Ensemble darstellen, ist als Freilichtmuseum zugänglich. Auf dem Thünengut lassen sich attraktive Veranstaltungen durchführen. Variable Tagungsräume ermöglichen, die jeweils passende Lokalität für ein Meeting oder auch eine private Feierlichkeit zu finden. Praktischerweise kann auf dem Thünengut auch gleich übernachtet werden: Die Jugendbegegnungsstätte „Thünenkate" bietet – besonders für Kinder und Jugendliche geeignet – 30 Plätze auf dem Strohboden. Darüber hinaus steht seit kurzem das komfortabel eingerichtete Gästehaus „Schnitterkasere" mit komplett ausgestatteten Zweibettzimmern zur Verfügung. Wer länger verweilen möchte, dem werden attraktive Ferienwohnungen angeboten. Vis-à-vis zum Thünenpark und mit Blick auf das historische Gut sind erholsame Tage in idyllischer Umgebung garantiert.

Die Gegend zwischen Güstrow, Teterow und Neu Heinde wird zuweilen als „agrarhistorisches Dreieck" bezeichnet. Nicht ganz zu Unrecht, denn in enger Nachbarschaft lebten und wirkten hier in der ersten Hälfte des 19. Jahrhunderts Agrarreformer, die in die Annalen mecklenburgischer Agrargeschichte eingegangen sind: neben v. Thünen der Graf v. Schlieffen auf Schlieffenberg und die Pogges auf Zierstorf und Roggow.

Im Gutshof wird über das Leben und Werk des Agrarreformers Johann Heinrich von Thünen informiert und die regionale

Thünen-Museum Tellow
Ein historisch gewachsenes Ensemble

Geschichte am Beispiel Tellow dargestellt. Daneben gibt es eine Ausstellung von landwirtschaftlichen Exponaten auf dem Freigelände und in den Gebäuden. Im Rahmen von Aktionstagen können die Besucher die unterschiedlichsten ländlichen Arbeiten hautnah erleben: Ob Schaupflügen oder Mühlstein-Schärfen, ob Buchweizenwaffeln auf dem alten Herd backen oder Ziegenkäse per Hand formen – der Städter staunt, und der Landwirt von heute wundert sich.

Lage 10 Kilometer südlich von Dalwitz
Anfahrt B108, Autobahnabfahrt Güstrow/Glasewitz, Richtung Plaaz, dann Richtung Teterow fahren, hinter Matgendorf rechts abbiegen
Anschrift Thünen-Museum Tellow OT Tellow 17168 Warnkenhagen Fon 039976 54 10 www.thuenen-museum-tellow.m-vp.de
Nutzung Museum

SCHLOSS ROSSEWITZ

Eine letzte Station der Tour rund um Dalwitz führt zum Schloss Rossewitz, etwa 15 Kilometer südwestlich von Dalwitz, einem frühen Beispiel für barocken Schlossbau in Mecklenburg-Vorpommern. Dieser außergewöhnliche „Kunstimport" (1657) stellt eine gesicherte Ruine dar und ist nur ausnahmsweise zugänglich. Das Gebäude entstand nach Dieussart-Plänen, freilich beeinflusst durch den Auftraggeber Joachim Heinrich v. Vieregge. Umgeben von Feldern und Wiesen entwickelt das Schloss einen unbeschreiblichen Charme. Dem Bautyp nach durch Genueser Stadtpaläste angeregt, zeigen Fassadengliederung und Baudekor holländische Züge. Den einstigen Festsaal zieren bauzeitliche, zu großen Teilen erhaltene illusionistische Architekturmalereien, die von italienischen Künstlern gefertigt sein sollen. Die historische Parkanlage ist stark überwachsen. Dem Lageplan von 1785 zufolge barg sie Staffagebauten sentimentalen Charakters.

Lage Einsame Lage, Nähe Flughafen Laage
Anfahrt A19, Abfahrt Glasewitz, Richtung Recknitz
Nutzung keine, Haus ist gesichert
Zugang Führungen jeden Sa und So 14-16 Uhr
individuelle Termine nach Absprache Fon 038459 300 41

15 BURG SCHLITZ/KARSTORF

Sollte es wirklich möglich sein, heute, noch dazu in Mecklenburg-Vorpommern, in die Welt der Goethezeit einzutauchen? Ja, hierzu lädt Burg Schlitz ein, das Herzstück der landschaftlich unvergleichlich reizvollen Mecklenburgischen Schweiz.

Wohl kaum einer anderen Generation war es gegeben, Stimmungsbilder landschaftsgestalterisch zu thematisieren. So entstand hier zwischen 1791 bis weit in die 1820er-Jahre eine Anlage, die in später Nachfolge des Dessau-Wörlitzer Gartenreiches steht und für den Nordosten etwas Einzigartiges darstellt. In enger Verbindung zur umgebenden Naturlandschaft sind Gutshof, klassizistischer Herrensitz – die 1812-22 errichtete Burg Schlitz – und der mehr als 60 Hektar große Park zu einem außergewöhnlichen Ensemble gefügt worden. Der etwas eigenwillige schlossartige Wohnbau, der in Teilen Architekturvorstellungen eines Heinrich Gentz atmet, ist vollständig renoviert worden. „Hospitibus amicis", so lautet eine alte Inschrift am Ostflügel, die aufs Neue gehobene Gastlichkeit verspricht.

Ohne eine Kenntnis von Biographie und Gedankenwelt des Hans v. Labes, durch spätere Adoption Graf v. Schlitz (1763-1831), ist die Deutung der Anlage nur schwer möglich. Seine erste Ausbildung erhielt er am Joachimsthaler Gymnasium, wo damals Vertreter der Spätaufklärung wie Meierotto lehrten. Darauf schloss sich 1780-85 ein Studium an der Universität Halle an, wo namentlich der Philosophieprofessor Eberhard den jungen Schlitz beeindruckt hat. Beiden widmete er 1813 in seiner Parkanlage das „Lehrer-Denkmal". Noch während seiner Studienjahre lernte Schlitz das Gartenreich Dessau-Wörlitz und dessen geistige und ästhetische Konzeption kennen. Nach Studienende begab sich Schlitz 1785-87 auf eine Bildungsreise durch die Schweiz. 1811 setzte er in seiner Begüterung mit dem „Wanderstab-Denkmal" dieser Tour ein Monument. Wie ernsthaft Schlitz sein wissenschaftliches Streben zeitlebens fortgeführt hat, belegen die teilweise akribischen Nachbildungen von „altteutschen", d.h. prähistorischen Kult- und Grabanlagen in

Burg Schlitz
Bedeutendstes klassizistisches Schloss in Mecklenburg-Vorpommern

einer nördlichen Partie der Parkanlage. Mit Blick auf den „Schiller-Stein" (1814), gewidmet jenem Dichter sowie Plutarch, Montesquieu und Rousseau, ferner dem bis 1822 fertig gestellten Rittersaal und die einstigen Sammlungen auf Burg Schlitz werden des Grafen geistige Orientierung und sein persönliches Weltbild verständlich. So setzte er – erfüllt von Erfurcht vor historischen Kontinuitäten und überzeugt vom Walten eines Schöpferwesens – unter Würdigung der Einzelpersönlichkeit das Gegenwartsgeschehen in Reflexion zu Geschichte und Tradition. Unfraglich war dieses Weltbild durch freimaurerisches Gedankengut angereichert. Diplomatische Missionen ließen Graf Schlitz Zeuge letzten Glanzes und Auflösung des alten deutschen Kaiserreichs werden, die Rheinbundgründung (1806) miterleben sowie den Erfurter (1808) und Wiener Kongress (1814/15). Das „Rheinbund-Kreuz" (1811), „Alexander-Kreuz" (1812) sowie ein Blücher und Wellington gewidmetes Denkmal (1817) in den Burg Schlitzer Parkalagen nehmen hierauf Bezug, wobei die antinapoleonisch-patriotischen Züge unübersehbar sind. In diesem Zusammenhang sei auch auf die nationalgeschichtlich ausgerichtete Wappensammlung im Rittersaal verwiesen.

Nach 1815 zog sich der Graf fast ausschließlich ins Privatleben zurück. In seiner Wahlheimat Mecklenburg wurde er 1798 zum Mitbegründer der Rostocker Landwirtschaftsgesellschaft. Nach Ausweis vielfältiger Parkarchitekturen muss Schlitz ein sehr harmonisches Familienleben geführt haben. Leider waren seine letzten Lebensjahre durch gesundheitliche und finanzielle Probleme belastet – ein Konkurs konnte noch eben beigelegt werden.

Ein Gang durch den Park bleibt immer ein Erlebnis. Die Vielzahl der Denkmäler und nicht zuletzt der Blick in die umgebende Natur regen auch heute noch zu einem Innehalten an. Aufklärerische, sentimentale, romantisch-nationale, selbst freimaurerische Sinnbezüge lassen sich erkennen. Der aufmerksame Besucher wird feststellen, dass der Park sich aus mehreren Partien mit unterschiedlichen Gedankeninhalten zusammensetzt. Teile der Gutsflur sind einbezogen worden, ohne jedoch agrarische Nutzflächen zu vergeuden. In einer Senke fügen sich hainartig gruppierte Uralt-Eichen mit den Überresten einer mittelalterlichen Wasserburg zu einem Bild, das an lokale Traditionen vom Gutshof gemahnt. Am Hanggelände unterhalb vom Herrensitz erinnern am zeitgenössischen Beispiel der Napoleonischen Kriege Staffagearchitekturen an die Verquickung von Einzelschicksal und der im Überpersönlichen waltenden Weltgeschichte.

Nördlich der Burg Schlitz reihen sich weitere Parkpartien aneinander. Die unausgebaute Grablage (1825) verweist auf Tod und Ewigkeit. Es schließt sich eine Lichtung mit einer Gruppe von Denkmälern an, deren Lehrgehalt sich als Unterweisung an einen Adepten – hier unseren Grafen selbst – deuten lässt. Nachempfundene prähistorische Zeugnisse der „vaterländischen Geschichte" werden im nachfolgenden Halbdunkel einer natürlich belassenen Waldpartie vorgeführt. Ein abermaliger Szenenwechsel thematisiert mit den der Freundschaft und Zuneigung gewidmeten Malen die damalige Sehnsucht nach menschlicher Harmonie. Die recht differenzierten Gartenräume zeichnen sich

BURG SCHLITZ
Differenzierte Gartenräume, verbunden durch Sichtbeziehungen

durch weite Sichtbeziehungen aus. Ein als Lehrpfad zu deutender Erlebnisweg erschließt die einzelnen Partien als Abfolge von Szenen und Bildern. In dieser Stilistik deutet sich Charakteristisches der Gartenkunst der Zeit zwischen 1770 und 1790 an. Die Parkprogrammatik scheint die Auswahl von Edelgehölzen mit beeinflusst zu haben. Jedenfalls ist die Pflanzung der symbolträchtigen, inzwischen leider eingegangenen Libanonzeder auf besonderen Wunsch des Bauherrn erfolgt.

In die park- und landschaftsgestalterischen Absichten fügen sich auch solche Staffagearchitekturen ein, deren unübersehbare Zweckdienlichkeit von vornherein beabsichtigt war. Dazu zählen das kleine Ensemble des klassizistischen Gasthofes „Zum goldenen Frieden" (1820) mit Schmiede (1832) sowie die in zierlichen Neogotik-Formen errichtete Kapelle (1819-23), abgesehen von den ganz verschiedenartigen Ruhesitzen. Eine Zutat des 20. Jahrhunderts stellt der 1903 von Walter Schott – ursprünglich für das Berliner Kaufhaus Wertheim – geschaffene Nymphenbrunnen dar.

Ein schöner Abschnitt des Radfernweges Mecklenburgische Seenplatte-Rügen führt in der Nähe der Burg Schlitz durch die malerische Landschaft der Mecklenburgischen Schweiz. Auf diesem Weg kann man von Bristow bis Neu Gaarz radeln und dabei neben dem Naturerleben quasi en passant einige weitere Schlösser und Herrenhäuser kennen lernen. Dass man auch mit dem Auto in die etwas abgelegenen Orte kommt, versteht sich von selbst, aber mit öffentlichen Verkehrsmitteln ist das nicht möglich.

Lage 10 Kilometer südlich von Teterow, 3 km westlich des Malchimer Sees
Anfahrt B108
Anschrift Schlosshotel Burg Schlitz 17166 Hohen Demzin
Fon 03996 127 00 www.burg-schlitz.de
Nutzung Hotel
Zugang Hotel nur für Gäste, Garten problemlos

SCHORSSOW

Ein Ausflug zum ebenfalls nahe des Malchiner Sees gelegenen Ort Schorssow, nur 3 Kilometer von Burg Schlitz, lohnt wegen des dortigen Schlosses.

Inmitten der Mecklenburgischen Schweiz, eingebettet in eine einzigartige Landschaft, liegt dieses Schloss am Ufer des Haussees, eines im Vergleich zum Malchiner See verschwindend winzigen Gewässers. Das stattliche Bauwerk gibt sich als Dreiflügelanlage zu erkennen und mag um 1730-40 entstanden sein. Aus dieser Zeit könnten die reich verzierten schmiedeeisernen Gitter stammen. Seine jetzige Gestalt erhielt das Gebäude aber beim Umbau von 1808-12. Das sorgfältig restaurierte Architekturmotiv der Blendarkaden deutet auf den Einfluss der Berliner Bauschule. Ein großer Landschaftspark umrahmt das Schloss und zieht sich am südlichen Seeufer bis zum Kirchberg hin, wo die Ruine einer bereits 1520 zerstörten Kirche zu entdecken ist.

Lage Am Ufer des Haussees, Nähe Malchiner See
Anfahrt Von Teterow oder Waren über B108
Anschrift Hotel Schloss Schorssow Am Haussee 3
17166 Schorssow Fon 039933 790
www.schloss-schorssow.de
Nutzung Hotel

SCHLOSS SCHORSSOW
Eine stattliche Dreiflügelanlage

BLÜCHERHOF

14 Kilometer südlich von Burg Schlitz liegt Blücherhof, ein Ortsteil von **Klocksin**, wegen seiner Gutsanlage und des dendrologischen Gartens einen Ausflug wert. Das neobarocke Herrenhaus weist Elemente russischer Folklorearchitektur auf (nur beim Mittelrisalit erhalten) und wird vom vorgelagerten Gutshof durch kunstvolle Portale in Rokokoart und ein Torhaus separiert. Die Wirtschaftsbauten, die barockisierende Formen und Jugendstilelemente aufweisen, vervollständigen dieses bemerkenswerte Gutsensemble, das seit 1904 im Auftrag des in St. Petersburg geborenen Privatgelehrten Alexander Koenig († 1940) nach Plänen des Berliner Architekten Gustav Holland ausgeführt wurde.

BLÜCHERHOF
Gutsanlage mit kostbarem Park

Der dendrologisch interessierte Bauherr ließ den Gutspark zu einer Art Arboretum umgestalten. Die als Solitäre oder in Gruppen gepflanzten exotischen Baumarten verleihen der Anlage ungewöhnliche ästhetische Reize. Übrigens, die zoologische Koenig-Sammlung befindet sich in dem ab 1912 eigens hierfür errichteten Bonner Museum.

Lage Südlich Burg Schlitz
Anfahrt B108
Anschrift Norbert Schipke Hof 5 17194 Blücherhof
Nutzung Dauerausstellung Kulturveranstaltungen
Zugang möglich, Garten jederzeit. Führungen durch die Gutsanlage und den Park Fon 039933 708 07

DOMÄNE NEU GAARZ

Noch etwas weiter südlich gelangt man zur Domäne Neu Gaarz. Hier regiert stilvolle Lebensfreude, das verspricht schon das Hauswappen, eine Bacchusmaske – freilich der besonderen Art, denn die eigenwillige Ausstattung und anregende Kunstausstellungen haben schon etwas Faszinierendes an sich. Also eine Überraschung. Und Gäste sind stets willkommen. Das Herrenhaus, ein um 1880 auf älterer Grundlage errichteter Putzbau mit vergiebeltem Mittelrisalit, nimmt sich gediegen aus. Die ausgewogenen Proportionen deuten auf klassizistische Baugesinnung. Das ist nicht ungewöhnlich, denn bei einfachen Nutzbauten sollte sie in der zweiten Hälfte des 19. Jahrhunderts durchaus noch nachwirken. Im Alten Gutshaus von Neu Gaarz kocht die Hausherrin persönlich für ihre Gäste, allerdings nur nach Anmeldung.

Lage Zwischen Teterow und Waren
Anfahrt B108
Anschrift Hotel Domäne Neu Gaarz 17194 Neu Gaarz
Fon 039929 702 55 www.domaene-neu-gaarz.de
Nutzung Hotel-Pension Konzerte Ausstellungen

Schloss Ulrichshusen
Doppelantlitz: wehrhafte Befestigung und repräsentativer Herrensitz

16 ULRICHSHUSEN

Bis zu dem drei Tage währenden Brand 1987 zählte dieses bedeutsame, aus der zweiten Hälfte des 16. Jahrhunderts stammende Renaissanceschloss zu den wenigen Festen Häusern Mecklenburgs. Ohne wesentliche spätere Veränderungen hatte es bis zur Gegenwart sein Doppelantlitz von wehrhafter Befestigung und repräsentativem Herrensitz bewahren können.

Schloss Ulrichshusen besteht aus dem Haupthaus, dem hofseitig der markante Treppenturm sowie ein Seitenflügel mit angefügtem Torhaus und Zwinger zugeordnet sind. Der dreigeschossige, giebelversehene Kernbau ist im Erdgeschoss in ungemein sorgfältig bearbeiteten Granitquadern ausgeführt, in den oberen Stockwerken in Backsteinbauweise.

Das Schloss wurde von Ulrich von Maltzan und seiner Frau Margarethe von Kardorff im Jahr 1526 erbaut. Im 30-jährigen Krieg ist ein großer Brand bezeugt, bei dem der ursprüngliche Burgfried, ein starker viereckiger Turm, zerstört wird. In nur zwei Jahren wird das Schloss wiederaufgebaut. Mit dem Tode des Erblandmarschalls Cord Jasper von Maltzan stirbt dieser Zweig der Maltzans 1815 aus. Die Grafen Maltzan auf Militsch in Schlesien erben Ulrichshusen. 1831 geht der Besitz aus der Hand der Maltzans durch Verkauf an die Grafen Hahn in Basedow über. Zu Beginn des 20. Jh. wurde das Schloss an den Verwalter Sellschopp verkauft, 1929 ging das Schloss und die Ländereien an die Grafen Bassewitz-Schlitz über. Nach 1945 wurde Schloss Ulrichshusen unterschiedlich genutzt: Wohnungen für Flüchtlinge, Tanzsaal, Konsum. Dann Verfall.

Vom 4. bis 7. Februar 1987 brennt Schloss Ulrichshusen aus ungeklärter Ursache. Bis auf Teile der Außenmauern ist das gesamte innere Gefüge einschließlich des Daches zerstört. Helmuth und Alla von Maltzan (Nachkommen des Erbauers) kaufen das Schloss und beginnen mit dem Wiederaufbau. Das Schloss war nach dem Brand zum Trümmerhaufen verkommen. Gut 900 Tonnen Schutt mussten beiseite geräumt werden, ehe an eine Rekonstruktion zu denken war. Der Wiederaufbau schritt zügig voran. Augenmerk gebührt dem sorgfältig restaurierten Ostgiebel vom Torhaus. Die profilierten Putzgesimse, Pilaster gliederungen, das plastische Beiwerk und die nach Befund erneuerte florale Ornamentik unterhalb vom Giebelaufsatz vermitteln Vorstellungen davon, wie dieser Gebäudeteil im 16. Jahrhundert einmal ausgesehen haben mag. Seit 2001 sind alle Gebäude fertig gestellt und werden als Hotel, Restaurant, Ferienwohnungen und zentrale Spielstätte der Festspiele Mecklenburg-Vorpommern genutzt. Aus der ruinösen großen Feldsteinscheune entstand eine Konzerthalle, die inzwischen bei den sommerlichen Musikfestspielen eine erste Adresse darstellt.

Das Hotel Schloss Ulrichshusen bietet Unterkunft in großzügig ausgebauten Gästezimmern im Schloss und Bewirtung im Restaurant. Ideal für Events und Hochzeiten. Ländliche Küche aus eigenem ökologischem Gutsbetrieb. Direkt am See liegt das „Haus am See" mit drei großen, voll ausgestatteten Ferienwohnungen. Reiten, Segeln, Jagd möglich. Fragen Sie nach geräucherten Aalen und Forellen.

Lage am eigenen See, ca. 4 km südlich des Malchiner Sees
Anfahrt Über A 24 Hamburg/Berlin bzw. A 19 Richtung Rostock, Abfahrt Linstow oder Waren
Anschrift Hotel Schloss Ulrichshusen 17194 Ulrichshusen Fon 039953 79 00 www.gut-ulrichshusen.de
Nutzung Hotel Restaurant Ferienwohnungen Festspielort

17 SCHLOSS BASEDOW

Unter den norddeutschen Gutsanlagen steht der alte von Hahnsche Stammsitz (1337-1945) einmalig da. Was selbst heute noch wie eine Art Residenz en miniature imponiert, stellt tatsächlich ein großartiges, wenngleich gefährdetes Kunstwerk von Rang dar. Die ensembleartige Zuordnung von Schlossbezirk mit Parkanlage, Gutsdorf und Kirchenbau, Marstall und großartigem Wirtschaftsbereich setzt nicht nur ein hohes künstlerisches Einfühlungsvermögen, sondern auch fundierte agrarwissenschaftlich-technische Kenntnisse voraus.

Beides war durch die kongeniale Zusammenarbeit von Stüler und Lenné gewährleistet. Ihren Vorschlägen folgend, wurde das alte Gutsdorf bis auf wenige Baute niedergelegt und neu gestaltet, Schloss und Dorfkirche mit umgebendem Friedhof und Pastorat aufwändig überarbeitet. Großzügige, einer geschickten Wegeführung folgende Katenhäuser, villenartig anmutende Verwaltungsbauten entlang der Zufahrt zum Schloss, imposante, malerisch gruppierte Stallungen und Wirtschaftsbauten, die Dorfschmiede, ferner die ehemalige Rentmeisterei (1837-40) und Oberförsterei (1839) sowie der Marstall entstanden damals neu. Die erhaltenen, auf 1835 datierten Lenné-Pläne lassen Rückschlüsse auf den Umfang der gärtnerischen Arbeiten zu. So entstand damals nahe dem Schloss ein Blumengarten, wurden der Park und weite Gutsfluren landschaftsgestalterisch bearbeitet. Erwähnenswert bleibt der so genannte Balkonweg, eine besonders reizvolle Wegeführung vom Park her in Richtung Seedorf. Bewusst gewählte Sichtschneisen eröffnen von hier aus einen Blick auf das bewegte Panorama von Basedow, lassen wichtige Lenné'sche Gestaltungsstrukturen erahnen. Mit dem Schloss als Brennpunkt strahlen Sichtachsen aus, die das Raumgefüge vom Park mit der freien Landschaft eins werden lassen, ohne etwa landwirtschaftliche Nutzflächen zu verschwenden. In dieses feinsinnige System finden sich die Nutzbauten, namentlich der Marstall und die auf einer Anhöhe gegenüber vom Schlosskomplex angeordnete Rentmeisterei, aber auch eine Reihe von Staffagebauten als gestalterische Elemente einbezogen. Lenné hat in Basedow die Idee einer

„Ornamented Farm" – geschmücktes Landgut – in großartiger Weise verwirklicht. Hierbei handelt es sich um eine Sonderform von Landschaftspark, bei der in einer bewussten Verbindung von ästhetischen Idealen und ökonomischen Denken agrarwirtschaftliche Nutzbauten in eine Parkanlage einbezogen wurden.

Seit 1989 laufen Bemühungen, die wichtigsten Strukturen des Lenné-Parks herauszuarbeiten. Das Schloss selber, eine unregelmäßige Dreiflügelanlage, blickt auf eine komplizierte, nicht völlig geklärte Baugeschichte zurück. Angelegt über den Resten einer mittelalterlichen Burg, datieren die ältesten erhaltenen Bauteile von 1552. Weitere Ausbauten erstrecken sich bis ins 19. Jahrhundert. Damals, um 1837, wurden nach Stüler-Plänen das – 1945 zerstörte – Torhaus in tudorgotischen Formen sowie der kastellartig anmutende Südwestflügel errichtet. Dieser brannte später ab und wurde 1891 nach Entwürfen von **Richard Haupt** in prunkvoller Neorenaissance-Architektur wieder aufgebaut. Auch der terrakottageschmückte Saalbau an der Westseite vom Schlosskomplex erhielt damals sein heutiges Aussehen. Der gewaltige Marstall, eine vierflügelige Anlage mit Reithalle, lässt den klassizistischen Formenapparat der Berliner Bauschule spüren (1835-38). Ebenfalls aus der Mitte des 19. Jahrhunderts stammen die übrigen Wohn-, Wirtschafts- und Verwaltungsbauten.

Die in ihren ältesten Teilen über 700 Jahre alte Dorfkirche wurde 1855-57 restauriert. Sie birgt eine Ausstattung von großer Qualität, die vornehmlich im 16. und 17. Jahrhundert entstanden ist: Sandsteinepitaphien, die wohl aus der Güstrower Brandin-Werkstatt stammen, sowie der aufwändige Renaissancealtar. Als besondere Kostbarkeit muss die Orgel von 1680 hervorgehoben werden, ein original erhaltenes, sorgfältig restauriertes Werk von Samuel Gerke und Heinrich Herbst.

Lage 8 Kilometer südlich von Malchin nahe Malchiner See
Anfahrt Landstraße Malchim-Malchow
Anschrift Schloss Basedow 17139 Basedow
Nutzung Im Frühjahr 2004 erneut versteigert, Nutzungskonzept offen, Innenbesichtigung nicht möglich. Infos: Förderverein Geschmücktes Landgut Basedow e.V. Fon 039951 23 11

Schloss Basedow

Schlossbezirk mit Parkanlage und vielfältigem Gehäudeensemble

REMPLIN

Etwa 10 Kilometer nördlich von Basedow und 5 Kilometer westlich von Malchin kommen Freunde historischer Gutsanlagen in dem an der B 104 gelegenen Ort Remplin auf ihre Kosten. Trotz späterer Einbußen darf diese immer noch imposante Gutsanlage nicht unerwähnt bleiben. Bei der Brandkatastrophe von 1940 konnte nur ein Überrest des Schlosses bewahrt werden. Die barocke Dreiflügelanlage aus dem 18. Jahrhundert war 1865/66 nach Hitzig-Plänen eingreifend umgestaltet worden. Vom 200 Jahre alten Gutshof blieben die vormalige, dem Zentralbaugedanken folgende Kapelle, der repräsentative Torturm, das Gasthaus und einige Wirtschaftsgebäude erhalten.

Gutshof Remplin
Torhaus

Der etwa acht Hektar große Park zählt im Lande zu den größeren barocken Gartenanlagen. Sie wurde auch unter Lenné nur vorsichtig überarbeitet (1851). Im südöstlichen Parkbereich findet sich etwas Besonderes: die 1793 errichtete Sternwarte, die nun nach jahrelanger Verwahrlosung schrittweise gesichert wird. Einer der früheren Rempliner Herren, der hochgebildete und sozial engagierte Graf Friedrich v. Hahn († 1805) hatte sie anlegen lassen. Hier entdeckte er den „Ringgebirge Hahn" genannten Mondkrater. Als Wissenschaftler stand er in regem Gedankenaustausch mit Herder und Bode, wurde von Moses Mendelssohn geschätzt, war Kunstsammler und zählte zu den führenden Landwirten seiner Zeit. Sein Sohn Karl († 1857), der berühmte „Theatergraf", veranstaltete in Remplin spektakuläre Aufführungen, zu denen er sogar den berühmten Schauspieler Iffland gewinnen konnte. Zu den exklusivsten Gästen zählte die preußische Königin Luise.

Lage nördlich Basedow
Anfahrt B104 zwischen Malchin und Teterow
Nutzung Privatwohnungen
Zugang Innenbesichtigung nicht möglich

KUMMEROW

Am Südufer des Kummerower Sees liegt, 15 Kilometer nördlich von Basedow beziehungsweise 5 Kilometer nördlich von Malchin, der idyllische Ort Kummerow , der von einer großartigen Schlossanlage dominiert wird. Doch die umfangreiche Barockanlage von 1733 fristet ihr Dasein. Stellvertretend für viele andere Beispiele zeigt sie die Problematik von Nutzung und Erhaltung solcher Bauwerke. Noch überzeugt das vielgliedrige Ensemble durch relative Geschlossenheit. Unter Wahrung strenger Symmetrie erfährt das Hauptgebäude eine optische Steigerung durch seitlich angereihte Pavillonbauten mit dazwischen liegenden Verbindungstrakten. Das Schlossinnere ist durch ein aufwändiges Treppenhaus und einige festlich stuckierte Räume ausgezeichnet, unter denen insbesondere der einstige

KUMMEROW
Grossartige Barockanlage mit ungewisser Zukunft

Festsaal hervorsticht. Den Hofraum begrenzen zeitgleiche, ursprünglich auf Ensemblewirkung abzielende Wirtschaftsbauten.

Eine ausgedehnte Parkanlage leitet über zum Kummerower See, der zusammen mit seiner Umgebung zu den landschaftlich reizvollsten Gegenden des Landes zählt.

Unbedingt sehenswert ist die mittelalterliche Dorfkirche mit reicher barocker Innenausstattung. Einer Urkunde gleich bewahren die Wappen an Grabsteinen und Sarkophagen sowie an der einstigen Patronatsloge die Erinnerung an das hier bis 1945 ansässige Geschlecht derer v. Maltzan.

Lage bei Malchin, nicht verwechseln mit Kummerow bei Stralsund
Anfahrt von der B104 östlich von Malchin auf der Deutschen Alleenstraße
Zugang das Haus verfällt, Innenbesichtigung nicht möglich

18 KLOSTER- UND SCHLOSSANLAGE DARGUN

Nur noch eine Ruine ist das Schloss Dargun. Für Freunde der mecklenburgischen Architekturgeschichte ist sie wegen ihrer ebenso langen wie bewegten Vergangenheit, die der Kenner bis heute an den baulichen Überresten ablesen kann, gleichwohl ein begehrtes Ausflugsziel.

Im Jahre 1171 ließen sich in Dargun Zisterziensermönche aus dem dänischen Esrom nieder. Das wohl 1199 zerstörte Kloster wurde 1209 von Doberan aus erneut besetzt. Bereits 1270 war die Klosterkirche vollendet, deren Langhaus noch viele spätromanische Gestaltungselemente erkennen lässt. Die aufwändige Ostpartie entstand 1464-79 in Anlehnung an das Doberaner Vorbild.

Das an der Nordseite der Kirche gelegene Klostergeviert ließen die mecklenburgischen Herzöge nach der Säkularisation (1552) schrittweise zu einer repräsentativen Nebenresidenz ausbauen. So wurden die Flügel nicht nur aufgestockt, sondern erhielten auch eine neue Fassadengliederung, so die markanten Ecktürme und den gekonnt eingefügten Mittelrisalit. Die hofseitigen Arkaden steigerten das Architekturerlebnis. Von der wertvollen Innenausstattung haben sich Spuren der Stuckaturen und ein später ins Schweriner Schloss verbrachter Prunkkamin erhalten. Auf den namhaften Architekten Charles Philippe Dieussart geht die undatierte Projektion des Südflügels zurück. Nach dem Erlöschen der Güstrower Herzogslinie 1695 diente das Schloss noch eine Zeit lang als Witwensitz und war damals ein Zentrum des Pietismus in Mecklenburg.

Bei Kriegsende 1945 brannte der Gebäudekomplex vollständig aus und verkam. Die inzwischen gesicherte Ruine ist bei Führungen zugänglich.

Die sorgsam gepflegten Überreste eines im 17. Jahrhundert angelegten Lustgartens und die verschiedenen Bauzeugen klösterlicher Vergangenheit unterstreichen die kunstgeschichtliche Bedeutung Darguns.

Kloster- und Schlossanlage Dargun
Bauzeugen unterstreichen die kulturgeschichtliche Bedeutung

Kloster und Schlossanlage Dargun
Bauliche Überreste zeugen von bewegter Vergangenheit

Lage 70 Kilometer südlich von Stralsund, nördlich des Kummerower Sees

Anfahrt B110

Anschrift Föderverein Kloster-/Schlosskomplex Dargun e.V. und Stadt Dargun Der Bürgermeister Diesterwegstraße 26 17159 Dargun Fon 039959 25 30

Nutzung Ruine Museum im ehemaligen Gästehaus des Klosters

Zugang bei Führungen ist die gesicherte Ruine zugänglich

19 IVENACK

Die großartige Raumordnung des Ortes, dessen Anfänge in einem 1252 gegründeten Nonnenkloster wurzeln, zählt in Mecklenburg-Vorpommern zu den ganz herausragenden Beispielen einer architektonisch wie kompositorisch anspruchsvollen Gutsanlage aus dem 18., beginnenden 19. Jahrhundert.

Der mehrteilige Schlosskomplex besteht aus dem herrschaftlichen Wohngebäude, welchem Dorfkirche, Marstall, Orangerie, Teehaus und Försterei ensembleartig zugeordnet sind. Das Pfarrhaus vermittelt zur Katenzeile, die feldseitig durch eine in Resten erhaltene Torsituation begrenzt wird. Der eigentliche Gutshof ist zwar in das Ortsgefüge eingeschlossen, vom Schlossareal aber räumlich abgesetzt.

Um 1800 entstand unter Einbeziehung barocker Gartenelemente ein weitläufiger englischer Landschaftspark. Seine große Attraktion stellen die weit über tausendjährigen Eichen dar, mit die ältesten ihrer Art in Deutschland. Zu den damaligen gärtnerischen Arbeiten zählt offenbar auch das Einrichten eines neuen Dorffriedhofs am Rande der einstigen Ortszufahrt. Kulturgeschichtlich ist dies bemerkenswert, denn die Verlegung von Begräbnisstätten ins Weichbild von Ortschaften, die aufklärerischen Maximen folgte, setzte sich damals in den Städten erst allmählich durch und ist auf dem Lande eher die Ausnahme geblieben.

Das mehrfach überarbeitete barocke Schloss erhebt sich über den Fundamenten des alten Klosters. Gleiches trifft für die im Kern mittelalterliche, zuletzt 1867-68 umgebaute Dorfkirche zu. Orangerie und Teehaus entstanden Mitte des 18. Jahrhunderts in verhaltenen Barockformen. Auch der halbkreisförmige Marstall wurde damals errichtet. Um 1800 war das Ivenacker Gestüt berühmt für seine mecklenburgische Vollblutzucht. Der legendäre Hengst Herodot stand hier einst.

Im Gebiet südlich von Stavenhagen bieten die kleinen Orte Zettemin, Kittendorf, Varchentin und Groß Plasten dem

Schloss Ivenack
Architektonisch und kompositorisch anspruchsvolle Gutsanlage

Architekturinteressierten die Möglichkeit eines ausgedehnten und lohnenden Ausflugs.

Lage 4 km nordöstlich der Reuterstadt Stavenhagen
Anfahrt B104 B194
Anschrift Schloss Ivenack Seeweg 20 17153 Ivenack
Fon 0171 809 10 42
Zugang Führungen nach Absprache von Mai bis September, Schloss in unrestauriertem Zustand

ZETTEMIN

In Zettemin, etwa 8 Kilometer von Stavenhagen, sollte man einen ersten Stopp einlegen. Wegen ihrer auffälligen Grundrissform findet die dortige, Mitte des 18. Jahrhunderts entstandene Barockanlage immer wieder Erwähnung. Der streng symmetrisch angelegte Backsteinkomplex besteht aus einem zweigeschossigen Haupttrakt, an den sich seitlich viertelkreisförmige, später teilweise veränderte, niedrigere Nebenflügel anschließen. Die in Resten erhaltene Parkanlage mag einst durch Lenné beeinflusst worden sein. Die urtümliche mittelalterliche Dorfkirche birgt eine Rarität: die 1780 von Matthias Friese († 1786) gebaute, inzwischen sorgfältig restaurierte Orgel. Friese gilt als der Urvater einer Familie, die den mecklenburgischen Orgelbau des 19. Jahrhunderts wesentlich mitbestimmt hat.

Lage 8 km südwestlich von Stavenhagen
Anfahrt B194 Landstraße von Waren
Zugang nur Außenbesichtigung möglich

KITTENDORF

Im Nachbarort Kittendorf stößt man auf einen malerisch gelegenen Landsitz (1848-53), dessen stilistische Verwandtschaft mit dem Königlichen Schloss Babelsberg bei Potsdam frappierend ist. Beide Bauwerke lassen sich mit dem Schaffen des bekannten Berliner Architekten Friedrich Hitzig in Verbindung bringen. In tudorgotischen Formen errichtet, überzeugt der bewegte Baukörper durch seine dennoch ausgewogene Massenverteilung – typisch für die Architekturgesinnung vor allem der Schinkelschüler. Sorgfältig restaurierte Innenräume lassen Lebenskultur des 19. Jahrhunderts erahnen. Dazu zählen vornehmlich die Eingangshalle und der oktogonale, reich stuckierte Speisesaal sowie die Bibliothek, der fraglos schönste Raum des Gebäudes.

Zum ausgedehnten Landschaftspark vermitteln Terrassen- und Treppenanlagen an der Südseite des Schlosses. Unbedingt sehenswert ist übrigens die frühgotische Dorfkirche. Sie birgt neben ihrer wertvollen, um 1600 gearbeiteten Ausstattung eine der ältesten Glocken des Landes (1288).

Kittendorf wurde schon 1995 nach aufwändiger Rekonstruktion als Schlosshotel eröffnet, gehört also schon fast zu den Traditionsbetrieben dieser Branche.

Schloss Kittendorf
„Verwandschaft"mit Schloss Babelsberg

Lage 10 km südlich Reuterstadt Stavenhagen
Anfahrt B194 zwischen Stavenhagen und Waren
Anschrift Hotel Schloss Kittendorf 17153 Kittendorf
Fon 039955 500 www.schloss-kittendorf.de
Nutzung Hotel

VARCHENTIN

Die nächste Station ist Varchentin, 5 Kilometer südlich von Kittendorf – oder 12 Kilometer von Stavenhagen und 15 von Ivenack. Nach vielfachem Wechsel gelangte dieser erstmals 1333 erwähnte Ort im Jahre 1836 an den Hamburger Kaufmann Gottlieb Jenisch († 1857). Schon frühzeitig war an eine großzügige Neuordnung des Besitzes gedacht worden, die hohen agrartechnischen wie künstlerischen Ansprüchen genügen sollte. Auf 1838 ist Lennés Gartenplan datiert, und bereits 1847 war der von August de Meuron projektierte Wohnsitz erbaut. Eine behäbige Zufahrt führt auf das Schloss, einen weitläufigen Komplex von ausgewogen gruppierten Trakten, Türmen sowie Treppen- und Terrassenanlagen. Die kompakte Körperlichkeit der Bauglieder mag auf das Vorbild normannischer Paläste hindeuten. Der hinter dem Schlossbau weich abfallende Hang zum See und die leicht bewegte, nur allmählich verklingende natürliche Landschaft boten für die einfühlsame Kunst Lennés ideale Voraussetzungen. So entstand ein sorgfältig ausgeführter Landschaftspark, der thematisch an Vergleichbares im nur wenig älteren Babelsberger Park erinnert.

Lage 5 km südlich Kittendorf
Anfahrt B194 zwischen Stavenhagen und Waren
Anschrift Amt Waren-Land 17192 Varchentin
Zugang nur Außenbesichtigung möglich

GROSS PLASTEN

Den südlichsten Ort der Tour durch das Gebiet der Mecklenburgischen Schweiz südlich von Stavenhagen bildet Groß Plasten, 3 Kilometer von Varchentin.

In der Stille der mecklenburgischen Landschaft entfaltet auch dieses schlossartige Anwesen Reize eigener Art. Im Kern mag die Gebäudegruppierung noch aus dem 18. Jahrhundert stammen, ist aber nach 1900 um den stattlichen Flügelanbau erweitert und in sparsamen neobarocken Formen vereinheitlicht worden. Ein kleiner Park geht unmerklich in die freie Landschaft über. Erstmals erwähnt wurde der Ort schon im Jahre 1284. Die ausgedehnte Gutsanlage sollte eines Blickes gewürdigt werden, ebenso die Dorfkirche, ein historistischer Zentralbau (1901).

Auch Groß Plasten ist längst kein Geheimtipp mehr für Urlaub im Schloss; das Haus ist seit seiner Eröffnung – ebenfalls im Jahre 1995 – mittlerweile zu einem der beliebtesten und bekanntesten Schlosshotels geworden. Eine Empfehlung ist es vor allem wegen seiner schönen Lage direkt am See und der Nähe zum Müritz Nationalpark. Ein Schwimmbad und zwei Restaurants gestalten die Flucht aus dem Alltag recht angenehm.

Lage in der Nähe des Müritz-Nationalparks
Anfahrt A19 B194
Anschrift Schlosshotel Groß Plasten Parkallee 36
17192 Groß Plasten Fon 039934 80 20
www.schlosshotel-grossplasten.de
Nutzung Hotel

WENDORF

Der gotisierende Baudekor, nicht zuletzt der romantische Erker dieses inzwischen nach alten Fotos instand gesetzten und behutsam modernisierten Herrenhauses deutet auf die Entstehungszeit im ausgehenden 19. Jahrhundert. Exemplarisch dokumentiert sich hier eine Baugesinnung, die auf eine Straffung der architektonischen Ausdrucksmittel zielte. Ab 1992 wurde die Anlage nach historischen Vorlagen restauriert. Umgeben von einem gepflegten Park und eingebettet in eine stille Landschaft, lädt das Haus zum Verweilen ein.

In den Jahren 1996-98 wird der ursprünglich wohl als englischer Landschaftsgarten gestaltete Wendorfer Schlosspark als „Begegnungsraum" wiederhergestellt. Erneuert wird die auf einem so genannten Turmhügel gelegene Grabanlage der Erbauer. Im 13. Jahrhundert befand sich an dieser Stelle ein Wehrturm. Wanderwege, Teichanlagen, ein Sportfeld, ein Grillplatz, Sitzbänke, Rasenflächen (auch für Veranstaltungen), eine Wildwiese entstehen. Menschen aus dem Dorf, Gäste des Hauses, Junge und Alte begegnen sich im Schlosspark.

Das Gutshaus gehört heute zur Arbeit der Gefährdetenhilfe Waren gGmbH. Hier bieten ehrenamtlich engagierte Christen gefährdeten jungen Menschen Aufnahme in eine Familie und Berufsausbildung.

Lage in der Nähe von Ankershagen am Rand des Müritz-Nationalparkes (nicht zu verwechseln mit Wendorf bei Crivitz)
Anfahrt A19 B194

Gutshaus Wendorf
Funktionierendes Gesamtkonzept

Anschrift Schloß Wendorf Schloßstr. 3 17219 Möllenhagen OT Wendorf Tel. 039921 32 60 www.gefaehrdetenhilfe.de
Nutzung Das Gutshaus beherbergt zwei diakonische Wohngemeinschaften, einen Gästebetrieb mit Hotelzimmern und Ferienwohnungen, Seminar, Schloß-Café, Schlossländchen und den PflanzenPark
Zugang Besucher sind willkommen

MECKLENBURGISCHE SEENPLATTE

Groß Schwiesow
Lüssow
Sarmstorf
Plaatz
Lüningsdorf
Pölitz
Amalienhof
Thürkow
Zepelin
Glasewitz
Suckow
Gülzow
Güstrow
Dalkendorf
Großer Peetscher See
Parumer See
Teterower See
Sumpfsee
Groß Roge
Wattmannshagen
Teterow
Dreetz
Tarnow
Vietgest
Inselsee
Mühl Rosin
Nienhagen
Mühlengeezer See
Karcheez
Boitin
Prüzen
Bölkow
Kirch Rosin
Vogelsang
Groß Wokern
Pampow
Mamerow
Glasow
Hoppenrade
Klaber
Groß Upahl
Großupahler See
Klein Upahl
Zehna
Hohen Demzin
Lenzen
Bellin
Bülow
Mustin
Bolz
Garder See
Langhagen
Barz
Schorssow
Malchiner See
Charlottenthal
Kuchelmiß
Lohmen
Reimershagen
Woserin
Woseriner See
Dahmen
Kurort Krakow am See
Hallalit
Neuhof
Alt Sammit
Groß Rehberg
Vollrathsruhe
Klocksin
Moltzow
Krakower See
Dobbertin
Marxhagen
Bossow
Löschow
Hohen Wangelin
Dobbertiner See
Goldberger See
Naturpark
Malkwitzer See
Techentin
Goldberg
Wendisch Waren
Damerower See
Neu Gaarz
Grabowhöfe
Nossentiner und Schwinzer
Drewitzer See
Loppin
Heide
Augzin
Langenhagen
Distelow
Neu Poserin
Grambow
Nossentiner Hütte
Sehlsdorf
Klein Wangelin
20
Karow
Silz
Ware
Sparow
Göhren-Lebbin
Kölpinsee
Fleesensee
Alt Schwerin
Granzin
Passow
Werder
Plauerhagen
Malchower See
Wendhof
Gut
Plauer See
Malchow
Land Fleesensee
Brook
Penkow
Barkow
Plau am See
Lübz
Sietow
Rom
Kritzow
Grüssow
Lutheran
Adamshoffnung
Lexow
Hinrichsberg
Gischow
Zislow
Walow
Reppentin
Paarsch
Groß Kelle
Gaarz
Gnevsdorf
Satow
Kogel
Kreien
Karbow-Vietlübbe
Burg Stuer
Ganzlin
Minzow
Rogeez
Klein Pankow
Wilsen
Leizen
Dambeck
Retzow
Altenhof
Gut Fincken
Bollew
Wahlstorf
Bütow
Treptowsee
Wendisch Priborn
Dammwolde
Massower See
Jaebetz
Kambs
Massow
Marnitz
Zepkow
Suckow
Freyenstein
Grabow-Below
Burg Wredenhagen
Rostock
Mecklenburg Vorpommern
Schwerin
kontur, Berlin

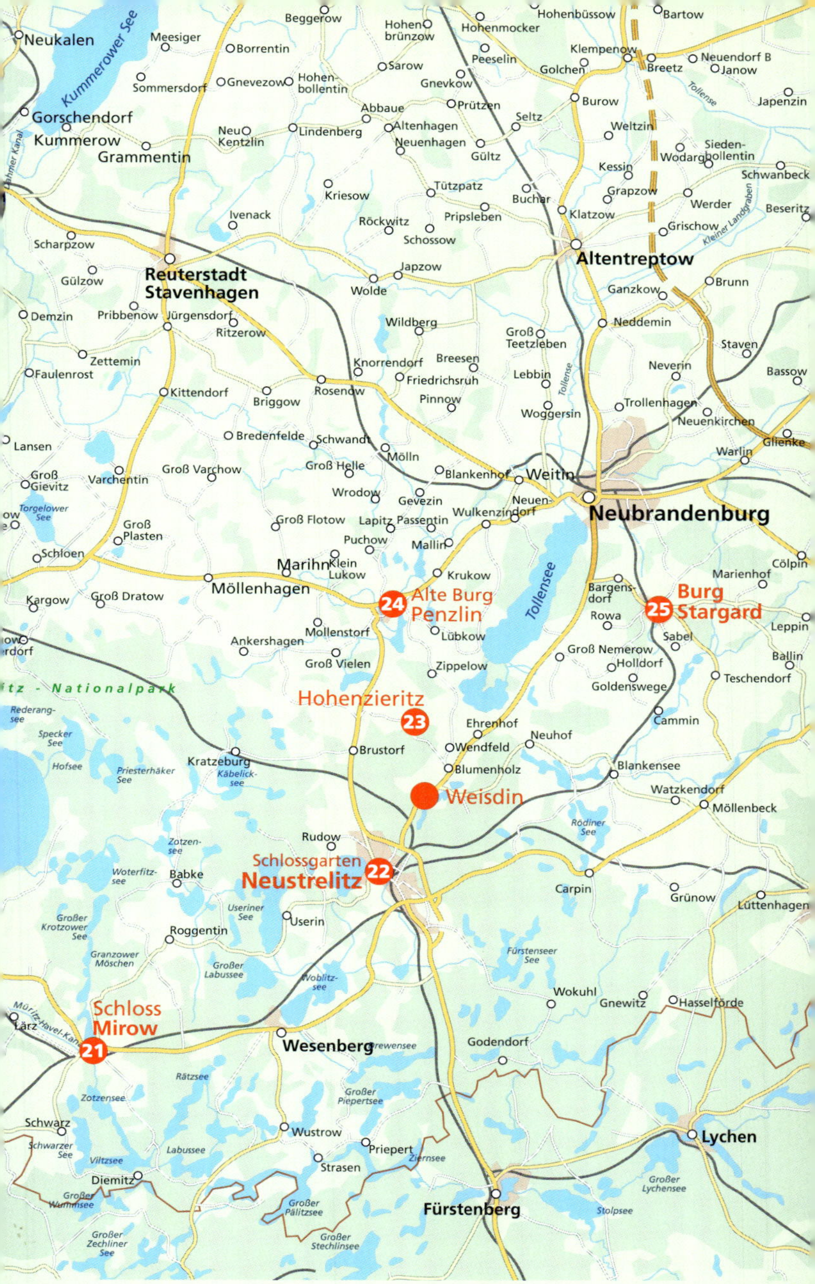

Mecklenburgische Seeplatte

20 SCHLOSS KAROW

Der kleine Ort Karow lässt sich als Tor zur Mecklenburgischen Seenplatte verstehen. Das weniger bekannte Gutsensemble sollte dem Architekturfreund aber einen kurzen Aufenthalt wert sein, fügen sich doch hier unterschiedliche Baustile zu einem harmonischen Ganzen.

Die erste urkundliche Erwähnung des Ortes Karow datiert von 1254. Nach mehrfachem Besitzerwechsel gelangte das Gut schließlich 1899 an Johannes Schlutius († 1910). Er veranlasste die großzügige Neuordnung der Gutswirtschaft zu einem modernen, prosperierenden agrarischen Großbetrieb, wovon bis heute die an Industriebauten erinnernden Wirtschaftsgebäude künden. Dabei wurde durchaus Wert auf Ensemblewirkung gelegt. Architektonische Einflüsse vom Heimatstil lassen sich nicht übersehen. Auch die Landarbeiterhäuser sind damals neu entstanden. Das klassizistische Herrenhaus erfuhr eine Erweiterung in handwerklich vorzüglich ausgeführter neobarocker Formen-

GUT KAROW
Weiträumiges, detailreiches Gutsensemble

sprache. Hierfür lieferte der bekannte Berliner Architekt Ernst Eberhard v. Ihne die Entwürfe.

Hieran schließt sich ein großzügig angelegter und mit der freien Landschaft verwobener Park an. Nahe der B 192 ist das einstige Familienmausoleum zu entdecken. Dieses außergewöhnliche, von Wilhelm Wandschneider 1916 fertig gestellte Bauwerk zitiert das Theoderich-Grabmal zu Ravenna. Der Karower Grabbau stellt im Schaffen Wandschneiders ein Hauptwerk dar, dem auch innerhalb der Sepulkralarchitektur des ausgehenden deutschen Kaiserreichs ein hoher Rang gebührt.

Lage Nordufer des Plauer Sees
Anfahrt A19, Abfahrt Malchow B103 B192
Anschrift Schloss Karow Parkstraße 1 19395 Karow
Fon 038738 706 00 www.schloss-karow.de
Nutzung Hotel Café Antiquitätenhandel Saalbetrieb

PASSOW

Von Karow aus ist der 1323 urkundlich ersterwähnte Ort Passow über die Städtchen Plau und Lübz gut zu erreichen (30 Kilometer). An die frühe Siedlungsphase erinnert ein mittelalterlicher Turmhügel, der in die Parkanlage einbezogen ist. In Passow blieb eines der künstlerisch wertvollsten Herrenhäuser des Landes erhalten. Nach umfangreicher, denkmalgerechter Restaurierung erstrahlt es seit dem Jahr 2000 wieder im alten Glanz. Das Bauwerk zählt zu den wenigen Beispielen palladianischen Klassizismus! Wohl über den Resten eines Vorgängerbaus erhebt sich das heutige, 1839–42 errichtete Gebäude. An den Kernbau – einen flach gedeckten, zweigeschossigen Putzbau mit einer säulengetragenen Loggia im Bereich der Mittelachsen – schließen sich viertelkreisförmig flache, eingeschossige Seitenflügel an. Diese vermitteln zu den einstigen Wirtschaftsbauten, die unter Beachtung strenger Axialität einander wahrscheinlich so zugeordnet waren, dass der Hofplatz einen eher elliptischen Grundriss gehabt hat, was als architektonische Rarität gelten dürfte. Eine Attraktion der besonderen Art stellt die große, durch beide

Geschosse reichende Eingangshalle im Hauptbau dar. Durch eine im Dachbereich angeordnete Glaskuppel wird das Vestibül so geschickt ausgeleuchtet, dass die wertvollen Baumaterialien – so das mit Marmor ausgelegte Entree – und die reichen, farbenprächtigen Decken- und Wandmalereien eines unbekannten Künstlers – erwogen wurde Pellicia – in ganz besonderer Weise zur Geltung gelangen. Dabei handelt es sich um allegorische Tier- und Pflanzenmotive, wie sie von antiken pompejianischen Vorbildern geläufig sind. Wandmalereien sind im Äußeren für den Eingangs- und Loggienbereich zu belegen. An den alten Herrensitz schließt sich ein Mitte des 19. Jahrhunderts angelegter Landschaftspark mit reizvollen Ausblicken in die Natur an.

Lage nördlich von Lübz
Anfahrt B191
Anschrift Hotel Schloß Passow Am Schloß 67
19386 Passow am See Fon 038731 36 50
Nutzung Hotel Restaurant

DOBBERTIN

Zu empfehlen ist ferner ein Abstecher ins landschaftlich reizvoll gelegene, über Goldberg erreichbare Dobbertin, einem nennenswerten Bauensemble, dessen architektonisches Erscheinungsbild nachhaltig durch das 19. Jahrhundert geprägt worden ist. Die Anfänge des Ortes gehen auf ein um 1220 gegründetes Nonnenkloster zurück, das nach der Reformation – von 1572 bis 1918/19 – als evangelisches Damenstift diente und jetzt als diakonische Einrichtung genutzt wird. 1826-37 erfuhr die im Kern mittelalterliche Klosterkirche nach Plänen von Georg Adolf Demmler einen großzügigen Umbau. Die ins 14. Jahrhundert zu datierende Klausur mit Kreuzgang und Refektorium blieb in großen Teilen erhalten. Aus dem 18. und 19. Jahrhundert stammende Verwaltungs- und Wohnbauten für die Stiftsdamen sind locker um den Kirchenbau gruppiert und werden von einer englischen Parkanlage gerahmt. An diesen Komplex schließen sich die Friedhofsanlage und das Klosterdorf an, deren Erscheinungsbild ebenfalls dem 19. Jahrhundert zu danken ist. Bemerkenswert bleibt ein später umgebautes Scheunengebäude mit einem Bohlenbinderdach.

Lage am Dobbertiner See, auf halbem Weg zwischen Schwerin und Malchow
Anfahrt A19, A241
Anschrift Diakoniewerk Kloster Dobbertin gGmbH
Am Kloster 19399 Dobbertin www.kloster-dobbertin.de
Nutzung Wohnanlage, Cafe, Behindertenwerkstätten
Zugang einige Bereiche sind offen, andere mit Führungen Mi, So, Mai bis Oktober zugänglich

KLINK

Ein interessantes Gegenstück – oder architektonisches Vergleichsobjekt – zu dem Gutsensemble in Karow stellt das Gut Klink dar, das seine heutige Form ebenfalls dem Gestaltungswillen der Jahrhundertwende verdankt. Das fast 30 Kilometer östlich von Karow gelegene Gut wurde allerdings schon 1375 erstmals erwähnt.

Nach vielfachem Besitzerwechsel gelangte es im Jahre 1898 an den später geadelten Industriellen Arthur von Schnitzler. In unvergleichlich schöner landschaftlicher Lage, direkt am Ufer der Müritz, ließ er sich nach Plänen des Berliner Architekten Hans Grisewald einen Landsitz errichten. Der malerische Gruppenbau zeichnet sich durch eine Fülle von Dekorationsstücken aus, so zwei Ecktürme, Zwerchhäuser, Erkerausbauten und Terrakottaschmuck. Stilistisch zeigt sich das Bauwerk von den Loire-Schlössern des 16. Jahrhunderts beeinflusst, setzt aber im Detail auch die Kenntnis der so genannten Weser-Renaissance voraus. Noch kurz vor dem Ersten Weltkrieg wurde in analogen Formen der von Ernst Paulus und Olaf Lilloe (Berlin) entworfene Saalbau angefügt. Die unzureichende Nutzung des Gebäudes in den vergangenen Jahrzehnten führte schließlich zum Verlust des ursprünglich reichen Interieurs. Mit den komplizierten Rekonstruktionsmaßnahmen 1997/98 wurde der Versuch unternommen, alte Raumeindrücke nachzuempfinden.

Schloss Klink
Malerischer Gruppenbau mit einer Fülle von Dekorationsstücken

Als Bindeglied zur älteren Vergangenheit des einstigen Gutes Klink verdient die Dorfkirche Beachtung, ein einfacher Backsteinbau (1736–42) mit zeitgleicher Ausstattung.

Lage an der Müritz
Anfahrt B192
Anschrift Hotel Schloss Klink Schlossstr. 6 17192 Klink
Fon 03991 74 70 www.schlosshotel-klink.de
Nutzung Hotel

GÖHREN-LEBBIN

Auf der Strecke von Karow nach Klink kann man einen Stopp in Göhren-Lebbin, etwa 4 Kilometer östlich von Malchow, einlegen. Hier grüßt schon von weitem ein stattliches Schlossgebäude, eine Doppelturmanlage in zurückhaltender Neobarockform aus dem Jahre 1912. Das ursprüngliche Schloss Blücher wurde 1842 durch den Grafen v. Blücher errichtet. Auf dessen Grundmauern entstand das noch größere, sehr repräsentative heutige Schloss. Nach dem Krieg wurde das Schloss als Lazarett und als Wohnstätte für Flüchtlinge und Umsiedler genutzt. Später diente es kommunalen Zwecken. 1973 übernam der VEB Kohlehandel das Schloss und ab 1980 das VE Kombinat SERO Berlin als Ferien und Kurheim.

In den letzten Jahren fanden umfangreiche Umbaumaßnahmen statt und seit April 2000 wird das Schloss von Radisson SAS Hotels & Resorts im Land Fleesensee betrieben. Neben dem „Radisson SAS Resort Schloss Fleesensee" gehört dazu Deutschlands erster Robinson-Club, das Dorfhotel Fleesensee sowie das Fleesensee Spa und der Golf & Country Club Fleesensee.

Lage Nähe Fleesensee/Kölpinsee
Anfahrt A19, Ausfahrt Waren/Göhren Lebbin
Anschrift Radisson SAS Resort Schloss Fleesensee
17213 Göhren-Lebbin Fon 039932 801 00
www.fleesensee.de
Nutzung Hotel

Schloss Göhren-Lebbin
Parkseite

21 SCHLOSS MIROW

Um die Müritz erstreckt sich eine reizvolle Kleinseenplatte. Bei Wassersportlern erfreut sich diese Region großer Beliebtheit. Hunderte kleiner, durch Flüsse und Kanäle miteinander verbundene Seen, in bewaldete Hügelketten eingebettet, prägen das Landschaftsbild. Auch die Freunde historischer Schlösser und Herrenhäuser kommen hier auf ihre Kosten. Das fängt schon in dem touristischen Zentrum Mirow an.

Geistliche Ritterorden spielten in der Kolonisationsbewegung des 12./13. Jahrhunderts eine nicht zu unterschätzende Rolle. In Mirow ließen sich 1227 Johanniter nieder und gründeten auf einer geschützten Halbinsel an der Südostseite des Mirower Sees eine Komturei. Im Jahre 1587 gelangte diese in den Besitz der mecklenburgischen Herzöge und wurde in der Folgezeit zur Residenz ausgebaut.

Von älteren Bauten blieben das einstige Brauhaus (15. Jahrhundert) und Torhaus (1588) mit zeitgleichen Befestigungen sowie die Kirche erhalten. Sie stammt aus dem 14. Jahrhundert, wurde 1742–47 zur Hof- und Gruftkirche der Strelitzer Herzöge ausgebaut und nach den Kriegsschäden in einfachen Formen wieder hergerichtet. Das barocke Kavaliers- und Küchengebäude entstand 1758.

Schloss Mirow
Über einem H-förmigen Grundriss errichtet

Schloss Mirow
Grabmal von Adolf Friedrich VI.

Das Schloss wurde 1707–12 über einem H-förmigen Grundriss errichtet, wobei das Raumprogramm französischen Vorbildern folgt. Um 1760 war der Innenausbau vollendet. Der überreich stuckierte Festsaal zählt in Norddeutschland zu den Kostbarkeiten barocker Dekorationskunst. Die intimeren Kabinette und Salons sind durch Potsdamer Künstler im Stil friderizianischen Rokokos gestaltet worden. Seit Herbst 2003 ist die Verwaltung der Staatlichen Schlösser und Gärten für die Restaurierung des Schlosses, die Pflege des Parks und die touristische Erschließung des Ensembles verantwortlich.

Der Schlosspark birgt eine Gartenpartie von eigenem Stimmungswert, die „Liebesinsel". Hier fand der letzte Strelitzer Großherzog Adolf Friedrich VI. nach tragischem Freitod (1918) seine Ruhestätte.

Schon zum Stadtbild Mirows zählt das 1848 umgebaute Untere Schloss von 1766. Es gilt als Geburtshaus der späteren englischen Königin Sophie Charlotte († 1818), der Gemahlin von Georg III. Heute beherbergt das Gebäude, ein zweigeschossiger Barockbau mit übergiebeltem Mittelrisalit, das Mirower Gymnasium.

Zehn Kilometer südlich von Mirow, im kleinen Ort **Fleeth** am Vilzsee, hat sich ein kaum bekanntes, dennoch außergewöhnliches Architekturdenkmal erhalten: die 1802 nach Entwürfen von Friedrich Wilhelm Dunkelberg (1773-1844) errichtete Mühle, am Durchstich zwischen Vilzsee und Rätzsee gelegen. Die schweren, archaisierenden Bauformen setzen das Vorbild der Berliner Bauschule voraus. Als bautechnische Leistung von Rang erweist sich das Bohlenbinderdach.

Lage 45 Kilometer südwestlich von Neubrandenburg
Anfahrt B198 (Deutsche Alleenstraße)
Anschrift Residenzschloss Mirow e.V. Torhaus 1 17252 Mirow
Fon 039833 209 54 www.schlossverein.de
Nutzung Konzerte neue Konzepte werden entwickelt

LUDORF

Etwa 25 Kilometer nordwestlich von Mirow liegt in der Nähe des Müritz-Ufers das kleine Dorf Ludorf. Das in bescheidenen Barockformen 1698 fertig gestellte Herrenhaus ist ein Backsteinbau, der durch seine handwerklich gekonnte Ausführung besticht. Er entstand unweit der alten Burg Morin und ist eines der ältesten Gutshäuser des Landes. Beachten Sie im Portalbereich den Eichenbalken mit einer Inschrift von 1576. Im Inneren sind die restaurierten Deckenmalereien auf Holz sehenswert.

Im 1850 errichteten Wirtschaftsgebäude lädt ein sehenswertes Gutsmuseum mit der Ausstellung „Von Mecklenburg in die Welt" zum Besuch ein. Hinter dem Haus führt ein englischer Landschaftspark zur Müritz.

Lage 5 km südlich von Röbel
Anfahrt B198 über Röbel
Anschrift Schlosshotel Gutshaus Ludorf Rondell 7-8
17207 Ludorf/Müritz Fon 039931 84 00
www.gutshaus-ludorf.de
Nutzung Hotel Restaurant

Schloss Ludorf
Die Gartenseite des Backsteinbaus

BOLLEWICK

Gleich weit von Mirow und nur etwa 8 Kilometer von Ludorf entfernt, wartet in Bollewick eine Besonderheit auf Freunde und Kenner der Baugeschichte:

Mit Abmessungen von 125 x 35 Metern entstand hier 1881 die wohl größte Feldsteinscheune Deutschlands – ein agrar- wie architekturhistorisches Denkmal von Rang. Schon allein die sorgfältige Bauausführung, das Farbspiel vorzüglich bearbeiteter Feldsteine in Kombination mit dem warmen Backsteinrot machen das sicher proportionierte Gebäude zu einem ganz ungewöhnlichen ästhetischen Genuss. Die Zukunft der Scheune war lange ungewiss, Verwahrlosung setzte ein. Inzwischen restauriert, gilt sie in der dortigen Region als wichtiges kulturelles Zentrum.

Lage südöstlich von Röbel
Anfahrt von Röbel Landstraße nach Wittstock
Anschrift Scheunenhotel Bollewick Dudel 1 17207 Bollewick
Fon 039931 580 70 www.scheunenhotel-bollewick.m-vp.de
Nutzung Hotel Feiern Tagungen

WREDENHAGEN

Von Mirow aus 25 Kilometer westlich und von Bollewick 8 Kilometer südlich gelegen, stößt man in Wredenhagen noch einmal auf – fast verblasste – Erinnerungen des Mittelalters.

In der Geschichte der 1284 erstmals erwähnten Burganlage spielte mittelalterliche Händelsucht eine wichtige Rolle. Im Grenzland zu Brandenburg gelegen, wechselte die Befestigung wiederholt den Besitzer und gelangte erst 1329 an Mecklenburg, nun aber auf Dauer. Später verlor die Burg an Bedeutung und spielte – wiederholt verpfändet – schließlich nur noch als Verpachtung eine Rolle. Ihre beachtlichen Überreste gruppieren sich auf einem vormaligen slawischen Burgwall, was den annähernd kreisrunden Grundriss der Befestigung erklärt. Als interessantestes Bauglied gilt das Torhaus. Hier gelang der Nachweis einer äußerst seltenen Konstruktion, einer so genannten Wippbrücke, die einst den Zugang zum höher gelegenen Burginneren ermöglichte.

Lage am Rand der Wittstocker Heide
Anfahrt Landstraße Röbel nach Wittstock
Anschrift Historischer Adler- und Falkenhof Burg Wredenhagen
Am Burgberg 1 17209 Wredenhagen Fon 039925 25 64
www.falknerpassion.de
Nutzung Falknerei Konzerte
Zugang jederzeit möglich, Vorführungen telefonisch erfragen

FINCKEN

In Fincken, 27 Kilometer westlich von Mirow und 10 Kilometer nordwestlich von Wredenhagen liegt abseits der großen Straßen ein 1801 errichtetes Herrenhaus, dessen Hoffassade durch einen vergiebelten Mittelrisalit zurückhaltend gegliedert ist. Das vor der Renovierung von 1973–74 deutlich erkennbare Architekturmotiv der hohen Bogennische deutet auf den Einfluss der Berliner Bauschule hin. Ein saalartiger Anbau in tudorgotischen Formen stammt aus der Zeit um 1850.

SCHLOSS FINCKEN
Unter dem Einfluss der Berliner Bauschule

Zu einem kleinen See hin erstreckt sich ein Landschaftspark, in den die barocke Dorfkirche (1744) sowie ein Mausoleum (19. Jahrhundert) einbezogen sind. Die noch erhaltenen Strukturen der Gutsanlage lassen eine ensembleartige Gliederung nach Funktionsbereichen erkennen, denn Herrensitz, Wirtschaftsbereich und Katenzeile sind räumlich-kompositorisch deutlich voneinander abgesetzt. Als wichtiges agrarhistorisches Baudenkmal hat sich eine später freilich veränderte Rundscheune erhalten. Zusammen mit dem inzwischen verlorenen Pendant markierten beide Gebäude einst die Zufahrt zur Gutsanlage.

Lage zwischen Plau und Röbel, am Finckener See
Anfahrt A19 B198
Anschrift Schloss Fincken Hofstr. 11 17209 Fincken

BURG STUER

Nahe der uralten Grenze zum Brandenburgischen haben sich in Stuer, 36 Kilometer westlich von Mirow und 8 Kilometer westlich von Fincken, Spuren von bereits im Jahre 1240 erwähnten Befestigungen erhalten. Dazu zählt ein nahe der Dorfkirche gelegener frühdeutscher Turmhügel. Und im Feuchtgebiet nördlich vom Ortsteil Vorwerk erwecken die hinter Gestrüpp verborgenen, immer noch stattlichen Überreste einer großen zweiteiligen Niederungsburg berechtigtes Interesse. Es handelt sich um den einstigen Ganerbensitz derer v. Flotow. Ein geübtes Auge erkennt die Struktur der Vorburg schnell. Nach Westen hin, getrennt durch einen breiten Graben liegt die über fast quadratischem Grundriss entwickelte Hauptburg. Von ihr künden die imposante Ruine eines Wohnturms sowie die Rudimente von Ringmauer, Zugbrücke und Kellergewölben. Die Dorfkirche, ein Fachwerkbau vom Ende des 17. Jahrhunderts, lohnt eine Besichtigung. Zur bemerkenswerten Innenausstattung zählt ein schöner Schnitzaltar (um 1500), der aus einer Güstrower Werkstatt stammen mag.

Lage südlich Plauer See
Anfahrt A19, Ausfahrt Röbel, B198 Richtung Plau
Zugang Burg seit 17. Jahrhundert verfallen

Neustrelitz
Nur der Schlossgarten vermittelt noch die frühere Pracht

22 SCHLOSSGARTEN NEUSTRELITZ

In der ehemaligen Residenzstadt Neustrelitz wird der Besucher das herzogliche Residenzschloss heute vergeblich suchen. Es brannte 1945 aus. Die Ruine wurde später abgetragen. Der Schlossgarten aber vermittelt immer noch viel von der früheren Pracht.

Die Geschichte dieser einstigen Residenz beginnt 1726–31, als nach Plänen von Julius Löwe das vormalige Jagdhaus Glieneke planmäßig zu einem Fürstensitz ausgebaut wurde. Um das mehrfach erweiterte, 1945 zerstörte Schloss gruppierte sich ein Ensemble von Nebenbauten, so Prinzen- (1740) und Kavalierhaus, Orangerie, Marstall, Theater und Wirtschaftstrakt. Abgesehen vom Tiergarten wurde damals auch der barocke Schlossgarten (1732) angelegt. Seine punktuell noch ablesbare Struktur zeigt sich in der großen Hauptachse, den Terrassierungen zum einstigen Schloss hin sowie im plastischen Schmuck der „Götterallee". An der späteren Umgestaltung und Erweiterung der Gartenanlage zu einem Landschaftspark war Lenné beteiligt. Die im 19. Jahrhundert eingefügten Nachbildungen antiker Skulpturen bereichern das Parkbild.

Nordöstlich vom Schlosskomplex wurde ungeachtet der Geländeschwierigkeiten ab 1733 in barocker Regelmäßigkeit die Residenzstadt angelegt. Der im Wesentlichen noch erhaltene Grundriss lässt einen quadratischen Marktplatz erkennen, von dessen Ecken und Seiten sternförmig acht Straßen ausgehen. Es hat den Anschein, dass eine räumlich-kompositorische Verknüpfung von Stadt- und Schlossareal – vergleichbar Ludwigslust – vorgesehen war.

Das „barocke" Neustrelitz ist im 19. Jahrhundert überformt worden. Es präsentiert sich heute mit teilweise bemerkenswerten klassizistischen Bauwerken, die den Einfluss der damals im deutschen Nordosten stilführenden Berliner Bauschule verraten. Kunstfreunde kommen auf ihre Kosten. Hier sei nur auf die Orangerie verwiesen. Das 1755 errichtete Gebäude erfuhr – beraten durch Karl Friedrich Schinkel und Christian Daniel Rauch –

Schlossgarten Neustrelitz
Orangerie

1840–42 nach Entwürfen von Friedrich Wilhelm Buttel (1796–1869) eingreifende Umbauten zu einem klassizistischen Gartensalon. Die zeitgenössische Innendekoration – pompejanische Wand- und Deckenmalereien, Abgüsse antiker Plastiken und Reliefs sowie die Leuchter – blieb weitgehend erhalten, was in diesem Umfang eine Rarität darstellt. Heute bietet die Orangerie den repräsentativen Rahmen für kulturelle Veranstaltungen, Ausstellungen und beherbergt ein Restaurant.

Auf einige Baulichkeiten des 19. Jahrhunderts im Areal der einstigen Residenz sei ferner verwiesen. Das klassizistische Marienpalais (um 1850) entstand in Formen der Schinkel-Nachfolge. Von 1855–59 stammt die phantasievolle neogotische, von Buttel entworfene Schlosskirche, auf dessen Ideen auch der antikisierende Hebetempel (1840) sowie der weitläufige Marstall zurückgehen. Die Gedenkhalle für Königin Luise im nordwestlichen Parkteil stammt aus dem Jahre 1891. Sie birgt die von Albert Wolff gefertigte Marmorkopie der berühmten, von Daniel Rauch geschaffenen Grabfigur im Charlottenburger Mausoleum.

Bei einem Rundgang durch die Stadt verdienen vornehmlich das von Buttel entworfene Rathaus (1841) sowie der nach seinen Ideen errichtete Stadtkirchturm (1828–31) Beachtung. Vom Turm kann man einen schönen Blick auf die Stadt und die Seen genießen.

Lage 30 Kilometer südlich von Neubrandenburg
Anfahrt B96 B193 B198
Anschrift Stadtinformation Neustrelitz Markt 1
17235 Neustrelitz Fon 03981 20 58 74
Stadtmuseum Neustrelitz Schloßstr. 3 Fon 03981 20 58 74
Zugang zur Schlossparkanlage jederzeit

23 HOHENZIERITZ

Das Schloss in Hohenzieritz ist der einstige Sommersitz der Herzöge von Mecklenburg-Strelitz. Den meisten Besuchern sind der Ort und das Schloss nicht wegen seiner Baugeschichte bekannt, sondern weil hier im Jahre 1810 die beliebte Königin Luise von Preußen, eine Tochter des Hauses Mecklenburg-Strelitz starb, der zu Ehren hier 1813 eine Gedenkstätte eingerichtet wurde, die seit Juli 2000 wieder geöffnet ist.

Das 1746–51 errichtete Schloss wurde 1790 im Zopfstil umgebaut. Als barocke Reminiszenzen blieben die beigeordneten, einen kleinen Ehrenhof beschreibenden Kavaliershäuser (1776) erhalten. Leider ging die kostbare Innenausstattung zusammen mit den wertvollen Ausstellungsstücken der Luisen-Gedenkstätte 1945 nahezu vollständig verloren. Den raumkünstlerischen Höhepunkt bildeten bis dahin die um 1800 gefertigten Wand- und Deckentapeten.

SCHLOSS HOHENZIERITZ
Von Herzog Carl 1789 errichtetes Denkmal

Schloss Hohenzieritz
Berühmt geworden durch den Tod der Königin Luise von Preußen

Der mehrfach überarbeitete Schlosspark entstand in seinen wesentlichen Partien ab 1771 durch den Engländer Thompson und andere Gartenkünstler bis etwa 1815. Ein System ausgeklügelter Sichtachsen setzte die Hohenzieritzer Gartenanlage mit jenen der herzoglichen Nachbargüter in Beziehung und verknüpfte sie mit der natürlichen Umgebung am südlichen Tollensebecken. Auf diese Weise entstand eine Abfolge großartiger „Landschaftsbilder", die das epochale Vorbild englischer Gartenkunst freilich voraussetzt.

Einige Klein- und Staffagearchitekturen sollen nicht unerwähnt bleiben, zumal sie zum Gesamtensemble zählen. Südwestlich vom Schloss erinnert ein antikisierender, von Christian Philipp Wolff entworfener Rundtempel (1815) an Königin Luise. Die Gutsschmiede (1825) rezipiert ebenfalls das Vorbild griechischer Tempel. Nach Plänen von Friedrich Wilhelm Dunkelberg entstand 1804 ein Kruggebäude, dessen Bohlenbinderdach inzwischen eine baugeschichtliche Rarität darstellt. Die ebenfalls von Dunkelberg projektierte Dorfkirche (1804) ist ein antikisierender Rundbau. Auch ihn deckt ein Bohlenbinderdach. Die einstige Kuppelmalerei war dem Pantheon in Rom nachempfunden.

Für die bauliche Unterhaltung und die touristische Erschließung ist die Verwaltung der Staatlichen Schlösser und Gärten verantwortlich. Nach grundlegender Instandsetzung ist das Schloss jetzt Sitz des Nationalparkamtes Müritz.

Lage etwa 15 Kilometer nördlich von Neustrelitz
Anfahrt B 96 oder B 193, Bus von Neustrelitz aus
Anschrift Schlossverein Hohenzieritz Louisen-Gedenkstätte e.V.
Schulstraße 1 17237 Hohenzieritz
Fon / Fax 039824 200 20 www.museumstour.de
Nationalparkamt Schlossplatz Fon 039824 25 20
Verw. Staatliche Schlösser und Gärten Fon 0385 50 90
Nutzung u.a. Museum
Zugang geöffnet von März bis Oktober, Führungen möglich

WEISDIN

Die Ortsanlage Weisdin, 6 Kilometer südlich von Hohenzieritz an der B 96 gelegen, lohnt auf jeden Fall einen Abstecher, stellt sie doch selbst in der heute reduzierten Fassung ein überzeugendes Beispiel für raumgreifende Barockkompositionen dar. Das 1387 erstmals erwähnte, wiederholt verpfändete Dorf war um 1740 einem Großbrand zum Opfer gefallen. So bot sich die einmalige Gelegenheit zu einer Neugestaltung der Gutsanlage. Unter Wahrung strenger Symmetrie und Axialität sowie geschickter Ausnutzung natürlicher Gegebenheiten wurden Herrenhof (1749) und Dorfkirche (1747–49) zueinander in Korrespondenz gesetzt. Nach Ausweis alter Pläne (1757) war in diese Raumordnung auch das am jenseitigen Ufer vom Mittelsee gelegene Lusthaus einbezogen. Es erhob sich auf dem so genannten Schlossberg, einem immer noch imposanten Überrest einer zweigliedrigen mittelalterlichen Höhenburg. Eine Besichtigung der Dorfkirche lohnt sich allemal. Der über einem Achteck entwickelte Zentralbau hat seine reiche, farbenfrohe Ausstattung bewahrt. Die den Bau bekrönende Laterne erinnert an Chinoiserie-Motive, die in Norddeutschland nur selten anzutreffen sind.

Lage bei Neustrelitz
Anfahrt B96
Nutzung Wohnungen
Zugang Innenbesichtigung nicht möglich

Kulturreisende, die sich neben der Vermehrung baugeschichtlicher Kenntnisse auch etwas gruseln wollen, kommen in Penzlin auf ihre Kosten. Im berühmten Hexenkeller der Alten Burg wird man in authentischem Ambiente zurückversetzt in die Zeit der Hexenverfolgung.

Die Entstehung von Burg und Stadt Penzlin steht in engem Zusammenhang mit der kriegerisch bewegten Ostkolonisation des 12./13. Jahrhunderts. Damals kam die ursprünglich slawische Siedlung, an die noch der große, wohl um 900 angelegte Burgwall erinnert, zunächst unter die Herrschaft der pommerschen Herzöge, dann der Markgrafen von Brandenburg, um Jahrzehnte später schließlich an die mecklenburgischen Fürsten zu gelangen. 1414 ist der Besitz an die v. Maltzan verpfändet worden, und nach endgültiger Belehnung (1517) bestimmten sie hier für Jahrhunderte die Geschicke.

Als gewichtige Bauzeugen sind die so genannte Alte und Neue Burg dieser Periode zuzurechnen. Die Alte Burg, der ältere, wiederholt überarbeitete Baukomplex, der sich auf den Resten einer mittelalterlichen Niederungsburg erhebt, erhielt im 16./17. Jahrhundert sein heutiges Aussehen. Jener Bauphase sind

Alte Burg Penzlin
Im Keller wird die Zeit der Hexenverfolgungen erlebbar

der zweigeschossige Hexenkeller sowie der gewaltige Rauchfang der einstigen Burgküche zuzurechnen, zwei architektonische Raritäten. Beim Hexenkeller werden die Besucher durch eine Falltür in das Verlies geführt, in dem bis weit ins 17. Jahrhundert hinein mit Daumenschrauben und anderen Instrumenten die Hexenverfolgung praktiziert wurde. Im Bereich der slawischen Wallanlage respektive der nachmaligen Vorburg entstand 1808–13 die Neue Burg. Dieser streng wirkende klassizistische Herrensitz lässt noch heute den damaligen Einfluss der Berliner Bauschule erahnen.

Von Penzlin aus empfiehlt sich unbedingt ein Abstecher ins 9 Kilometer südwestlich gelegene **Ankershagen**. Bekannt geworden ist das Dorf durch den Troja-Entdecker Heinrich Schliemann (1822–1890), der hier als Pastorensohn 1823–31 seine Kindheit verbracht hat. Im alten Pfarrhaus, Dorfstraße 34, informiert eine sehenswerte Ausstellung mit vielen Originalen über den legendenumwobenen Pionier der Feldarchäologie. Der davor stehende, begehbare Nachbau des Trojanischen Pferdes erfreut sich bei Kindern großer Beliebtheit. Die gegenüberliegende Kirche ist wegen einer baulichen Besonderheit sehenswert. In spätgotischer Zeit wurde nämlich das Innere zu einer zweischiffigen Halle umgestaltet. Unter vielen Farbschichten entdeckte man vor Jahren die seltene Darstellung eines mittelalterlichen Wehrturms. Die Malerei stammt aus der Mitte des 13. Jahrhunderts und zeigt ein Bauwerk, das aus einem Turmmassiv besteht, auf dem ein überkragender Fachwerk-Aufsatz mit hohem, spitzen Dach mit Fahne ruht. Weiterführende Rückschlüsse auf Art und Umfang der dazugehörigen Befestigungswerke sind nicht mehr möglich.

Wohl auf den Fundamenten einer mittelalterlichen Wasserburg entstand im 16. Jahrhundert als Festes Haus der einstige, mehrfach erweiterte Herrensitz. Im Parkgelände finden sich überdies die Ruinen einer mächtigen, noch ins 16. Jahrhundert zu datierenden Befestigung.

Das einstige Herrenhaus im benachbarten **Rumpshagen** weist eine handwerkliche Rarität auf! Der behäbige Barockbau wurde 1730-32 errichtet. Die Putzfläche der Fassade beleben eingedrückte grüne und blaue Glasscherben, was einen reizvollen Kontrast zum glatt belassenen, Fassaden gliedernden Baudekor bewirkt. Diese für ein Herrenhaus einzigartige Fassadengestaltung mag ihre Erklärung darin finden, dass zum Gutsbetrieb seit 1692 eine Glashütte gehörte. Glasbruch stand also für eine solche launige Architekturlösung ausreichend zur Verfügung. Es ist heute kaum noch bekannt, dass Mecklenburg im 18./19. zu den wichtigsten Lieferanten von Glaserzeugnissen zählte.

Zu empfehlen bleibt von Penzlin aus ein Abstecher ins nahe gelegene **Neubrandenburg** (13 km). Von den Zerstörungen des letzten Krieges blieb die sehenswerte mittelalterliche Stadtbefestigung unberührt. In die mächtige Stadtmauer eingefügt sind so genannte Wiekhäuser, kleine Fachwerkhäuser, von denen aus die Verteidigung erfolgte. Besonders beeindruckend sind aber die vier im 14. und 15. Jahrhundert errichteten Stadttore. Die zwar unterschiedlichen Bauten entsprechen doch einem einheitlichen Grundschema: Das jeweils größere, mehrgeschossige Innentor ist Teil der Stadtmauer, davor befindet sich ein niedrigeres Vortor, gelegen auf einem um die Stadt geführten Wall. Verbunden waren äußeres und inneres Tor durch einen von Zwingmauern geschützten, über einen Graben geführten Weg. Im Treptower Tor, an der Westseite der Stadtbefestigung gelegen, ist heute die Sammlung des Regionalmuseums untergebracht. Die kriegszerstörte gotische Marienkirche ist inzwischen als Konzertkirche (Neubrandenburger Philharmonie) wieder erstanden. Bei einem Blick vom 56 Meter hohen Veranstaltungszentrum kann man noch recht gut den mittelalterlichen Plan des im 2. Weltkrieg zerstörten, rasterförmig angelegten Stadtkerns erkennen.

Lage   am Westrand des Tollensesees
Anfahrt   B192   B193
Anschrift   Förderverein „Alte Burg" Penzlin e.V.   Stadtverwaltung Penzlin   Museum Alte Burg   Am Wall 15   17217 Penzlin
Fon 03962 21 04 94   www.penzlin.de
Nutzung   Museum

25 BURG STARGARD

Die einzige aus dem Mittelalter erhaltene Höhenburg Norddeutschlands markiert mit ihrem mächtigen Bergfried die Silhouette des Städtchens, das ihr seinen Namen verdankt: Burg Stargard. Insgesamt zwölf Gebäude der alten Burg sind – mit all ihren über die Jahrhunderte vorgenommenen Veränderungen – noch heute zu besichtigen.

Die sehr romantisch anmutende Wehranlage erhebt sich auf einem Berg, 50m über der Stadt, der bereits seit vorgeschichtlicher Zeit besiedelt ist. Sie entstand um 1250 auf Veranlassung der brandenburgischen Markgrafen und gelangte 1348 an Mecklenburg. Von 1352–1470 war die Burg Residenz der Herzöge von Mecklenburg Stargard.

Typologisch stellt die Anlage eine Höhenburg dar. Sie gilt in Mecklenburg-Vorpommern als größte mittelalterliche Burganlage. Spätromanische Schmuckformen, gotische Spitzbögen und Netzgewölbe, aber auch historisierende Dekorationselemente deuten auf zahlreiche Veränderungen im Verlauf der Jahrhunderte. Noch in die Gründungszeit der Anlage zu datieren sind die einstigen Türme von Vor- und Hauptburg, deren Obergeschosse durch Kapellen belegt waren. Die dreiteilige Fenstergruppe vom Turm der Vorburg wurde im 14. Jahrhundert bis auf die schmalen Schlitze geschlossen, was sich wehrtechnisch aus dem damaligen Aufkommen der Feuerwaffen ableiten lässt. Aus dem 13. Jahrhundert stammt ferner der landschaftsdominierende Bergfried mit seinem hoch gelegenen ursprünglichen Einstieg. Sein massiver Kegelhelm sowie der romantisierende Zinnenkranz gehen auf Rekonstruktionen unter Friedrich Wilhelm Buttel 1821–23 zurück. Von diesem 35 Meter hohen Bergfried bietet sich eine herrliche Rundsicht von bis zu 30 Kilometern. Außerdem kann der Besucher dort einen Blick in den 15 Meter tiefen Kerker werfen. Auch das an die Ringmauer der Hauptburg angefügte, 1919 ausgebrannte Krumme Haus dürfte in seinem Kern zu den ältesten Bauteilen zählen. Der Teil des Alten Herrenhauses mit dem jetzigen Haupttor entstand nach einer Modernisierung der Burg im 16. Jahrhundert. Der Marstall, noch aus

Burg Stargard
Die nördlichste erhaltene Höhenburg Deutschlands

der ersten Bauphase stammend, beherbergt ein Museum, das mit der wechselvollen Geschichte der Stadt und der Burg bekannt macht. Die Gesamtanlage von Burg Stargard vermittelt recht eindrucksvoll die Entwicklungsstufen mittelalterlicher Wehrtechnik, wobei eine Besichtigung der Stadtbefestigungen im benachbarten Neubrandenburg und Friedland diesen Eindruck nur vertiefen kann.

Lage 9 Kilometer südöstlich von Neubrandenburg
Anfahrt B96
Anschrift Touristinformation Am Markt 3 17094 Burg Stargard
Fon 039603 20 895 www.burg-stargard.de
Nutzung u.a. Museum

RÜGEN

Putgarten
Mattchow
Dorf und Kirche Vitt
Tromper
Wiek
Altenkirchen
Dranske
Wieker
Bodden
Wiek
Wittow
Breege
Libben
Schmantewitz
Bischofsdorf
Rassower Strom
Lohme
Glowe
27 Spyker
Gummanz
Breetzer Bodden
Großer Jasmunder Bodden
Neuholstein
Neuenkirchen
Tetzitzer See
Charlotten-dorf
Trent
Udars
Schaprode
Tribbevitz
Rappin
Sagard
Sassnitz
Dubnitz
Freesen
Ralswiek
26
Fährhafen Sassnitz
Kleiner Jasmunder Bodden
Prorer Wiek
Kluis
Patzig
Thesenvitz
Gingst
Ummanz
Parchtitz
Boldevitz
Bergen auf Rügen
Ostseebad Binz
Jagdschloss Granitz
28
Rügen
Unrow
Kubitzer Bodden
Dreschvitz
Zirkow
Ostseebad Sellin
Selliner See
Sehlen
Lancken-Granitz
Ostseebad Baabe
Rambin
Samtens
Karnitz
29 Putbus
Lauterbach
Middelhagen
Ostseebad Göhren
Having
Strelasund
Altefähr
Kowall
Garz
Gager
Stralsund
Dumsevitz
Gustow
Poseritz
Swantow
Thiessow
Rügischer Bodden
Thiessower Haken
Venzvitz
Zudar
Schoritzer Wiek
Brandshagen
Zarrendorf
Greifswalder Bodden
Reinberg
Behnkendorf
Miltzow
Riemserort
Gristow
Koos
Kirchdorf
Wilmshagen
Stoltenhagen
Mesekenhagen
Lubmin
Freest
Wampen
Nonnendorf
Loissin
Wusterhusen
Kröslin
Neuenkirchen
Brünzow
Rubenow
Ryck
Wackerow
Greifswald
Kemnitz
Lodmannshagen
Groß Ernsthof
Rostock
Mecklenburg Vorpommern
kontur, Berlin
Rügen

Schloss Ralswiek

Ein majestätisches Schloss am Großen Jasmunder Bodden

26 RALSWIEK

Auf einem Hügel am Ufer des Großen Jasmunder Boddens erhebt sich ebenso malerisch wie majestätisch das feudale Schloss Ralswiek. Der turmbewehrte Bau setzt einen markanten Landschaftspunkt an diesem Ort, der zugleich für sich in Anspruch nimmt, die Wiege der Insel zu sein.

Die Gegend am Großen Jasmunder Bodden ist seit uralter Zeit besiedelt. Intensive archäologische Ausgrabungen wiesen hier einen ins 9./10. Jahrhundert datierten Seehandelsplatz nach. Im Zuge der ab 1168 von Dänemark aus betriebenen Christianisierung wurde in Ralswiek eine Propstei des Bischofs von Roskilde eingerichtet. 1311 wird der Ort als „Curia Ralswiik" erwähnt. Seit Ende des 15. Jahrhunderts war Ralswiek bischöfliches Lehen und befand sich zwischen 1536 und 1891 mit Unterbrechungen bei der Familie v. Barnekow. Neuer Besitzer war dann der geadelte Großindustrielle Hugo Sholto Graf v. Douglas. Er veranlasste den repräsentativen Ausbau seiner Besitzung, zu der neben der Parkanlage als architektonische Höhepunkte das so genannte Alte und Neue Schloss zählen.

Das Neue Schloss ist ein bewegter, architektonisch reich dekorierter Gruppenbau von zwei Flügeln, der auf die 1894 entworfenen Pläne des Berliner Architekten Stroh zurückgeht. Die malerische, landschaftliche Gegebenheiten geschickt ausnutzende Anlage folgt Anregungen französischer Schlossbaukunst des 16. Jahrhunderts. Als Erweiterungsbau wurde 1913 der vom Stralsunder Architekten Franz Jahres mit gotisierenden Architekturformen projektierte Marstall angefügt. Einer kleinen Sensation glich die Wiederentdeckung von Raumgestaltungen im Hauptbau nach Entwürfen von Henri van de Velde. Der bekannte Jugendstilarchitekt hat 1913 seine Spuren im Schloss hinterlassen.

Das nahe am Großen Jasmunder Bodden gelegene Alte Schloss geht baugeschichtlich auf den Propsteihof des bischöflichen Gutes zurück. Es war im 16. Jahrhundert in sparsamen Renaissanceformen überbaut und 1665 um einen rückwärtigen Trakt erweitert worden. Der ältere Bauteil wurde um 1890 ab-

Schloss Ralswiek
An französische Schlossbaukunst erinnernd

gerissen und wenig später in freier Anlehnung an die überlieferten Renaissancedetails aufs Neue, diesmal jedoch zweigeschossig errichtet.

Zwischen Dorf und Schloss liegt ein bemerkenswerter Park mit artenreichem Baumbestand. Er wurde 1830–40 angelegt, um 1900 erweitert, und es deutet alles darauf hin, dass von Anfang an ein Landschaftspark geplant war.

Ralswiek selbst ist ein kleiner Ort, der nur aus ein paar Häusern besteht. Das benachbarte **Bergen** bietet aber die in Ralswiek nicht vorhandene Infrastruktur. Im dortigen Stadtmuseum Bergen (untergebracht im historischen Klosterhof hinter der Kirche) kann man die frühgeschichtlichen Funde des slawischen Siedlungsplatzes Ralswiek besichtigen.

Lage am Südufer des Großen Jasmunder Boddens, von Bergen 6 Kilometer entfernt
Anfahrt Straße von Bergen nach Sassnitz
Anschrift Schlosshotel Ralswiek Parkstr. 35 18528 Ralswiek Fon 03838 203 20 www. schlosshotel-ralswiek.de
Nutzung Hotel

BOLDEVITZ

Das Boldevitzer Herrenhaus zwischen Bergen und Gingst, 8 Kilometer nordwestlich von Bergen wurde um 1635 in nachwirkenden Renaissanceformen errichtet. Es gilt als seltenes Beispiel der so genannten Doppelhäuser, für die zwei zur Hoffront parallel verlaufende, vergiebelte Satteldächer charakteristisch sind. Der Kernbau wurde nach 1762 durch zwei niedrigere Seitenflügel erweitert. Das Hauptportal erhielt 1784 seine heutige Gestalt. Im Mitteltrakt befindet sich der damals ebenfalls umgestaltete Festsaal, für den die berühmten Tapetenmalereien (1762–64) von Jakob Philipp Hackert (1737–1807) geschaffen wurden. Hackert war des Öfteren durch den damaligen Boldevitzer Gutsherrn v. Olthoff auf Rügen eingeladen worden, und er gilt als erster Künstler von Rang, in dessen Werk Motive der Inselwelt ablesbar sind. Der im 19. Jahrhundert überarbeitete Gutspark ist in Resten erhalten. Als Besonderheit bleibt die für Rügen einmalige klassizistische Kapelle (1839) erwähnenswert.

Das Herrenhaus zu **Kartzitz**, 8 Kilometer nordwestlich von Ralswiek, entstand um 1750. Es zählt zu den schönsten Barockbauten auf Rügen. Die kleine Dreiflügelanlage demonstriert, wie sehr es das Form- und Raumempfinden dieses Baustils verstand, mit nur geringem architektonischem Aufwand ländliche Bauensembles von verhaltener Festlichkeit zu schaffen.

Lage 8 km nordwestlich von Bergen
Anfahrt B96 Richtung Gingst-Schaprode
Anschrift Boldevitzer Rügenkaten Brunnenhaus 17
18528 Boldevitz Fon 03838 31 39 76
www.ruegenkaten.de
Nutzung Ferienanlage Festspielort

27 SPYKER

In der filigranen Boddenlandschaft, wo Himmel und See ineinander verschwimmen, nimmt sich das Schloss von fern wie ein ruhender Fels aus. Die Geschichte des Schlosses Spyker lässt sich bis ins 13. Jahrhundert zurückverfolgen. Es gilt heute als bedeutendster Profanbau der Insel Rügen.

Ende des 16. Jahrhunderts als turmbewehrtes Festes Haus in Renaissanceformen angelegt, wurde der Baukörper nach 1650 eingreifenden barockisierenden Umbauten unterworfen. Hierauf gehen das vereinheitlichende Satteldach mit den Schaugiebeln sowie die geschweiften Turmhauben zurück. Aus jener Zeit stammen auch die wertvollen Stuckdecken von Eriksson und Lohr mit den Darstellungen von Perseus und Andromeda, dem Parisurteil, den vier Jahreszeiten und vier Elementen in reichem ornamentalem Dekor. Leider nicht erhalten, jedoch archivarisch belegt, bleibt auf den repräsentativen Wirtschaftshof ebenso zu verweisen wie auf den 1653–58 angelegten Barockgarten. Auftraggeber war der in Anerkennung seiner militärischen Verdienste mit Spyker belehnte schwedische Feldherr Carl Gustav v. Wrangel († 1676), der als Generalgouverneur das 1648 an Schweden gefallene Vorpommern verwaltete. Durch Kauf gelangte die Besitzung 1815 an die Putbuser Fürsten. Das nach 1945 lange vernachlässigte und 1992–1994 entsprechend denkmalpflegerischen Vorgaben restaurierte und modernisierte Gebäude wird heute als Hotel und Restaurant genutzt.

Von Spyker aus erschließen sich die teilweise einmaligen Natur- und Kulturdenkmäler der nördlichen Insellandschaften Jasmund und Wittow. Erinnert sei an den Dobberworth bei Sagard, 6 Kilometer südlich Spyker, den wohl gewaltigsten bronzezeitlichen Grabhügel in Mecklenburg-Vorpommern, an die Herthaburg, eine slawische Befestigung aus dem 11./12. Jahrhundert unweit der berühmten Kreidefelsen, an das überwältigende jungsteinzeitliche Hünenbett bei Nobbin – auf Wittow, an der Küste kurz vor Kap Arkona – sowie an die weithin bekannte Jaromarsburg, direkt am Kap Arkona gelegen. Hier befand sich einst das 1168 durch die Dänen zerstörte

SCHLOSS SPYKER
Bedeutendster Profanbau auf Rügen

Heiligtum des slawischen Stammes der Ranen, der einstigen Herren der Insel.

Lage im Hinterland der Halbinsel Jasmund, ca 12 km von Sassnitz entfernt
Anfahrt über Bergen und Sargard
Anschrift Schlosshotel Spyker Schloßallee 18551 Spyker Fon 038302 770 www.schloss-spyker.de
Nutzung Hotel Restaurant

DORF VITT

Oberhalb der Steilküste befindet sich ein Fußweg vom Parkplatz Putgarten in das Dorf Vitt (ca. 1 km) mit seiner kleinen Kapelle. Dorf und Kirche, ein schlichter achteckiger Bau, stehen unter Denkmalschutz. Der Ursprung der Siedlung waren die saisonalen Heringsfangplätze entlang der Küste. Um den Fischern von Vitt den Besuch eines Gottesdienstes zu ermöglichen, wurden zunächst so genannte Uferpredigten unter freiem Himmel abgehalten. 1806 ließ Ludwig Gotthard Kosegarten,

Pfarrer in Altenkirchen, dann die Schutzkapelle errichten. Seit 1990 ziert den Innenraum eine Kopie von Phillip Otto Runges Bild „Petrus auf dem Meer“ und ein Gemälde von Gabriele Mucchi „Menschen im Sturm“. Während der Saison finden in der Kapelle verschiedene Veranstaltungen statt. Bitte informieren Sie sich bei der Tourist-Information.

Von hier aus gut zu erreichen ist auch das Kap Arkona mit dem immer noch imponierenden Überrest der 1168 durch die Dänen zerstörten slawischen Tempelanlage – der bereits erwähnten Jaromarsburg – einer Kultstätte, die einst der Gottheit Svantevit geweiht war. Ursprünglich ist die seit dem 9. Jahrhundert angelegte Tempelburg wohl als annähernd dreieckige Anlage von etwa 300 Metern Seitenlänge zu denken, wovon aber in Folge von Küstenabbrüchen nur noch der landseitige Wall erhalten geblieben ist.

Für Ausflüge nach Rügen und Hiddensee empfiehlt sich der alte Herrensitz **Krönnevitz** – 9 Kilometer vor Stralsund. Erstmalig wurde Krönnevitz 1268 erwähnt. Später, bis 1815, gehörte es zum Königreich Schweden und wurde nach dem Wiener Kongress an Preußen übergeben. Der Bau wurde Anfang des 19. Jahrhunderts im klassizistischen Stil und diente Wohn- und Wirtschaftszwecken. Um 1914 wurde das Gebäude um das Portal mit den ionischen Säulen und um den Balkon ergänzt. Nach Jahren des Verfalls wurde es nach 1990 umfangreich restauriert.

Lage nördlich von Altenkirchen
Anfahrt über Bergen oder Gingst/Wieck
Zugang Krönnevitz kann leider nicht von Innen besichtigt werden, es sei denn, Sie buchen das ganze Schloss in Form der 270 qm großen Ferienwohnung: Fon 04921 202 27 www.schloss-kroennevitz.de

28 JAGDSCHLOSS GRANITZ/BINZ

Die Granitz, ein ausgedehntes Waldgebiet im Südosten der Insel Rügen, gehörte dem Haus Putbus bereits seit 1472. In der Nähe eines barocken Jagdhauses entstand ab 1837 auf ihrer höchsten Erhebung, dem 106 Meter hohen Tempelberg, das heutige Jagdschloss. Der kastellartig wirkende Bau geht auf Entwürfe des Berliner Architekten Johann Gottfried Steinmeyer d. J. zurück.

Diskutiert wird, dass dabei eine Ideenskizze des damaligen preußischen Kronprinzen und nachmaligen Königs Friedrich Wilhelm IV. zugrunde gelegen habe. Spätere Plankorrekturen gehen auf den Bauherrn Fürst Wilhelm Malte zurück. Wesentliche Anregungen sind indes Karl Friedrich Schinkel zu verdanken. Nach seinem Entwurf wurde 1844 der markante Mittel-

JAGDSCHLOSS GRANITZ
Inmitten eines ausgedehnten Waldgebietes

Jagdschloss Granitz
Der Mittelturm mit seinen 154 Stufen prägt das Jagdhaus

turm über dem ursprünglich offenen Lichthof errichtet. Dieses Bauglied birgt die viel gerühmte, 154 Stufen zählende Gusseisen-Treppe, ein Schinkels Formenwelt verpflichtetes Meisterwerk der Berliner Firma Egells. Sie führt zur Aussichtsplattform, von wo aus sich ein vielgestaltiges Landschaftspanorama erschließt.

Damals, um 1843 wurde auch das Gebäudeinnere einer Neuordnung unterworfen. Es entstand eine repräsentative Raumfolge mit dem aufwändigen Marmorsaal (1851) als Höhepunkt. Die historistischen Raumgestaltungen sind ungemein prächtig. Ähnlich wie beim Schweriner Schloss kamen industriell vorgefertigte Bau- und Dekorationselemente reichlich zur Anwendung. Es wäre falsch, hierin billige Imitationen sehen zu wollen. Vielmehr belegen solche Details das zeitgenössische Bemühen, mit modernen technischen Mitteln neuartige künstlerische Formen zu erschließen.

Jagdschloss Granitz kann auf eine über hundertjährige Tradition zurückblicken und gilt mit jährlich über 250.000 Gästen als das meistbesuchte Schloss in Mecklenburg-Vorpommern.

In Anlehnung an originale Befunde und überlieferte Quellen konnte das Schloss in den vergangenen Jahren restauriert und ausgestattet werden. Es beherbergt u. a. eine umfangreiche Trophäensammlung und historisch eingerichtete Salons. Gestalterischer Höhepunkt ist der Marmorsaal, in dem auch Trauungen stattfinden. Mit klassischen Konzerten im Marmorsaal, Mondscheinwanderungen durch die Granitz und zahlreichen Sonderausstellungen wird den Gästen das ganze Jahr über ein abwechslungsreiches Programm geboten.

Am Fuße des Jagdschlosses liegt das ehemalige Forst- und Gasthaus. Es wurde gleichfalls sorgfältig restauriert und beherbergt seit 2004 eine Ausstellung über das Biosphärenreservat Südost-Rügen.

Das Museum Jagdschloss Granitz besitzt eine ansehnliche Sammlung von Trophäen. Ein Besuch des Schlosses sei unbedingt empfohlen. Die wieder hergerichteten und im alten Stil möblierten Räume lohnen allemal die Besichtigung, und eine Besteigung des Turmes ist schon wegen des überwältigenden Ausblicks Teil des touristischen Pflichtprogramms.

Neben einem kleinen Imbiss am Forst- und Gasthaus hat sich inzwischen im Keller des Schlosses das Restaurant „Alte Brennerei", Fon 03 83 93/ 3 28 72, etabliert, das mittelalterliche Speisen in entsprechendem Ambiente serviert. Wer keine Angst hat, sich an den aus alten Schiffsplanken gezimmerten Bänken einen Splitter zu holen, kann zu – für ein Ausflugslokal – moderaten Preisen satt werden.

Lage im Waldgebiet der Granitz im Südosten der Insel Rügen, zwischen den Ostseebädern Binz und Sellin.
Anfahrt am Fuß des Tempelberges leigt der Haltepunkt des „Rasenden Roland", von hier 15 min Fußweg
Anschrift Museum Jagdschloss Granitz 18609 Binz
Fon 038393 22 63
Nutzung Museum
Zugang ganzjährig Führungen auf Anfrage

29 PUTBUS

Putbus gilt als die schönste Stadt auf Deutschlands größter und landschaftlich so reizvollen Insel Rügen. In seiner auf die Umgebung abgestimmten Synthese von Fürstensitz, Stadtanlage und dem 1817 gegründetem Seebad Lauterbach stellt der Ort ein überragendes klassizistisches Bauensemble dar. Die kleine, einheitlich in den Formen der Berliner Bauschule gehaltene Residenz entstand schrittweise zwischen 1808 und 1840. Obwohl Anregungen durch das nur wenig ältere Vorbild Doberan-Heiligendamm unübersehbar sind, bleibt die maßgebliche Rolle des mitplanenden Auftraggebers, des Fürsten Wilhelm Malte I. († 1854), unbestritten.

Architekturgeschichtlich zählt Putbus zu den letzten planmäßigen Fürstengründungen. Im Einzelnen lässt die Stadtanlage Planungs- und Gestaltungselemente erkennen, die entfernt an das 1725–80 erweiterte englische Modebad Bath erinnern.

Die geschichtlichen Wurzeln von Putbus reichen bis in slawische Zeit zurück. Die Archäologen haben herausgefunden, dass sich hier bereits um 1200 eine burgartige Befestigung befand. In deren Areal entstand das Steinerne Haus, der 1371 erstmals erwähnte Wohnsitz des Geschlechts derer v. Putbus. Hieraus entwickelte sich nach wiederholten Erweiterungen und Umbauten das spätere, zuletzt 1867 überformte ehemalige Schloss. Es war kurzsichtig, dass dieses für Rügen wichtige Bauwerk trotz vorliegender Nutzungskonzeptionen schließlich bis 1962 abgetragen worden ist. Der Verlust wiegt schwer, denn seither fehlt nicht nur dem malerischen Schlosspark, sondern auch dem städtebaulichen Gesamtensemble ein wichtiger Kristallisationspunkt. Heute erinnert nur noch eine an der Ostseite des Schlossteiches gelegene Treppenanlage mit Pergola – Reste einer großen Terrassenanlage – an die einstige Lage und Größe des Schlosses. Der schöne Ausblick, der sich von hier aus auf das malerisch angelegte Gewässer bietet, vermittelt aber noch etwas von dem gelungenen Zusammenspiel zwischen Architektur und Gartenarchitektur.

Putbus
Im dendrologisch wertvollen Schlosspark

Auf jeden Fall aber gestaltet sich ein Besuch der Parkanlage, die auch ohne Schloss noch immer Schlosspark heißt, zu einem Erlebnis, nicht zuletzt wegen der zahlreichen dendrologischen Kostbarkeiten. Bemerkenswert ist, dass der zwischen 1805 und 1830 ausgeführte Landschaftspark mit Staffagearchitekturen bestückt ist, die nach Funktion und Bautyp der höfischen Gartenkunst des 18. Jahrhunderts entstammen. Hierbei handelt es sich um Marstall (1821–24), Orangerie (1824 bzw. 1853), Fasanenhaus (um 1835, eine Ruine) und Affenhaus (um 1835). Der 1844–46 nach Plänen von Stüler und Steinmeyer d. J. errichtete Kursalon erfuhr später eine Umgestaltung zur Kirche (1891–92). Hinzuweisen bleibt schließlich auf das von Friedrich Drake 1859 geschaffene Denkmal für den Fürsten Wilhelm Malte, den Schöpfer des klassizistischen Putbus.

Nördlich vom ehemaligen Schlossbezirk entfaltet sich die Stadtanlage. Als Hauptachse setzt die Alleestraße beide Bereiche räumlich-gestalterisch voneinander ab. Sie begrenzt den fürstlichen Garten und ist an der dem Garten gegenüberliegenden Seite von einheitlich gereihten historischen Wohnhäusern bebaut. Etwa in Sichthöhe zum einstigen Schloss öffnet sich der Straßenzug zum rechteckigen Marktplatz. Seinen Zugang markieren zwei akzentuierte Baukörper: das von Wilhelm Steinbach entworfene Theater (1819–21) sowie das von Johann Gottfried Steinmeyer d. J. geplante Hotel Fürstenhof (1819–34).

Die Alleestraße mündet dann in einen seit 1828 ausgebauten kreisförmigen Platz, den so genannten Circus. Sein Geländegefälle sowie die nur lockere Umbauung mit zwei- oder dreigeschossigen, von schlichten, weißen klassizistischen Fassaden geschmückten Gebäuden ermöglichen mannigfaltige Sichtbeziehungen zur charakteristischen Küstenlandschaft des Greifswalder Boddens. Von hier ausstrahlend erstrecken sich gestalterisch nuancierte Zuwege, die durch weitläufige landschaftsgärtnerische Maßnahmen miteinander vernetzt sind und nach Bergen, zum Fürstensitz oder zu den Badeanlagen in Lauterbach führen. Der Circus bildet den Angelpunkt der Stadtanlage, sein Zentrum ziert ein Obelisk, der 1845 aufgestellt wurde und an die Gründung von Putbus erinnert.

Putbus
Circus, eine klassizistische Platzanlage

Ähnlich wie in Doberan bleibt städtebaulich-funktionell zwischen einem urbanen wie repräsentativen Zentrum im Ortsgefüge zu unterscheiden.

Das nahe gelegene **Lauterbach** – nur etwa 2 Kilometer von Putbus – lohnt einen Abstecher. Eine schöne alte Allee führt direkt auf das klassizistische Badehaus „Zur Goor" (1817–30). Die prächtige, 50 Meter lange Schaufassade dieses Gebäudes mit ihren 18 mächtigen Säulen erinnert an das nur wenig ältere Kurhaus in Heiligendamm, was aber die künstlerische Leistung keineswegs mindert.

Lage im Südosten der Insel am Rügenschen Bodden
Anfahrt per Bahn von Bergen oder über Landstraße
Anschrift Putbus-Information Orangerie/Alleestraße 35
18581 Putbus Fon 038301 431 www.putbus.de
Zugang ganzjährig

VORPOMMERN – ZWISCHEN PEENE UND RANDOW

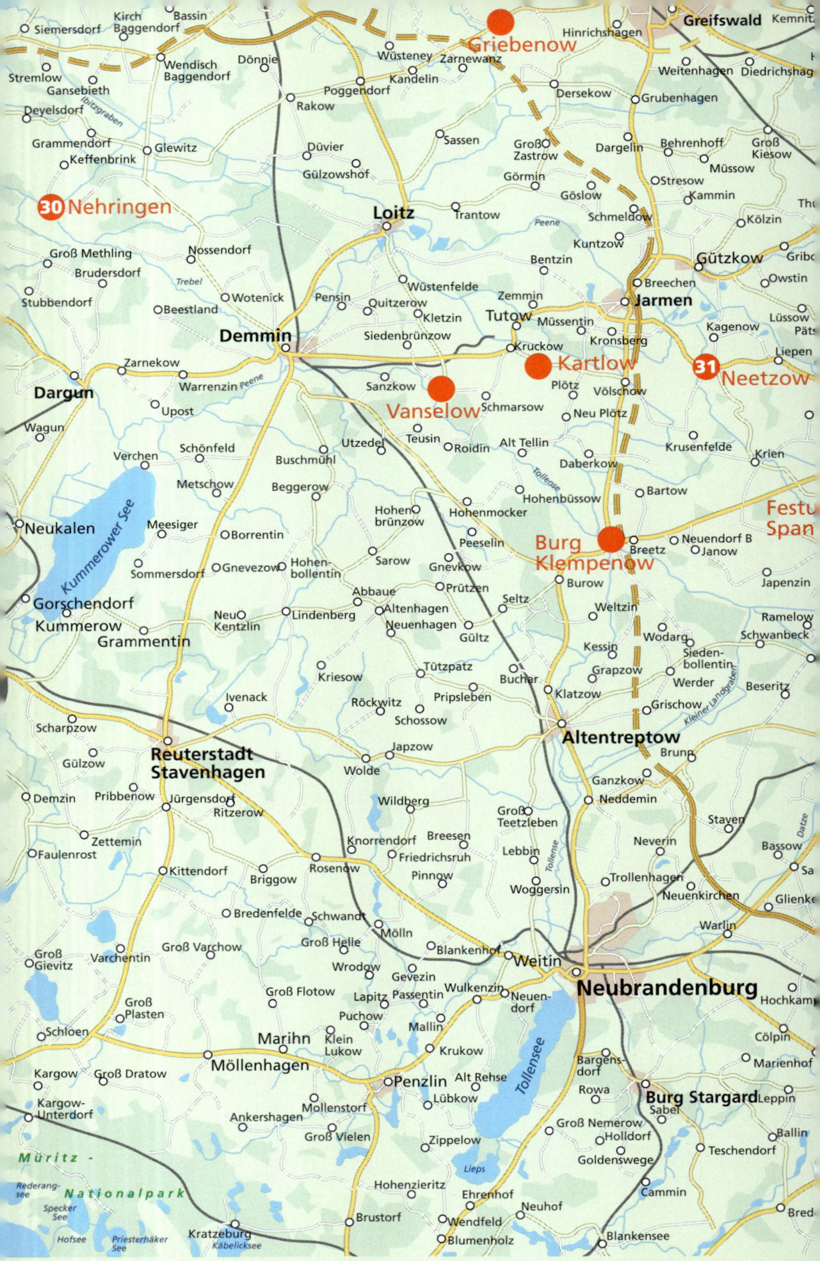

Vorpommern - zwischen Peene und Randow

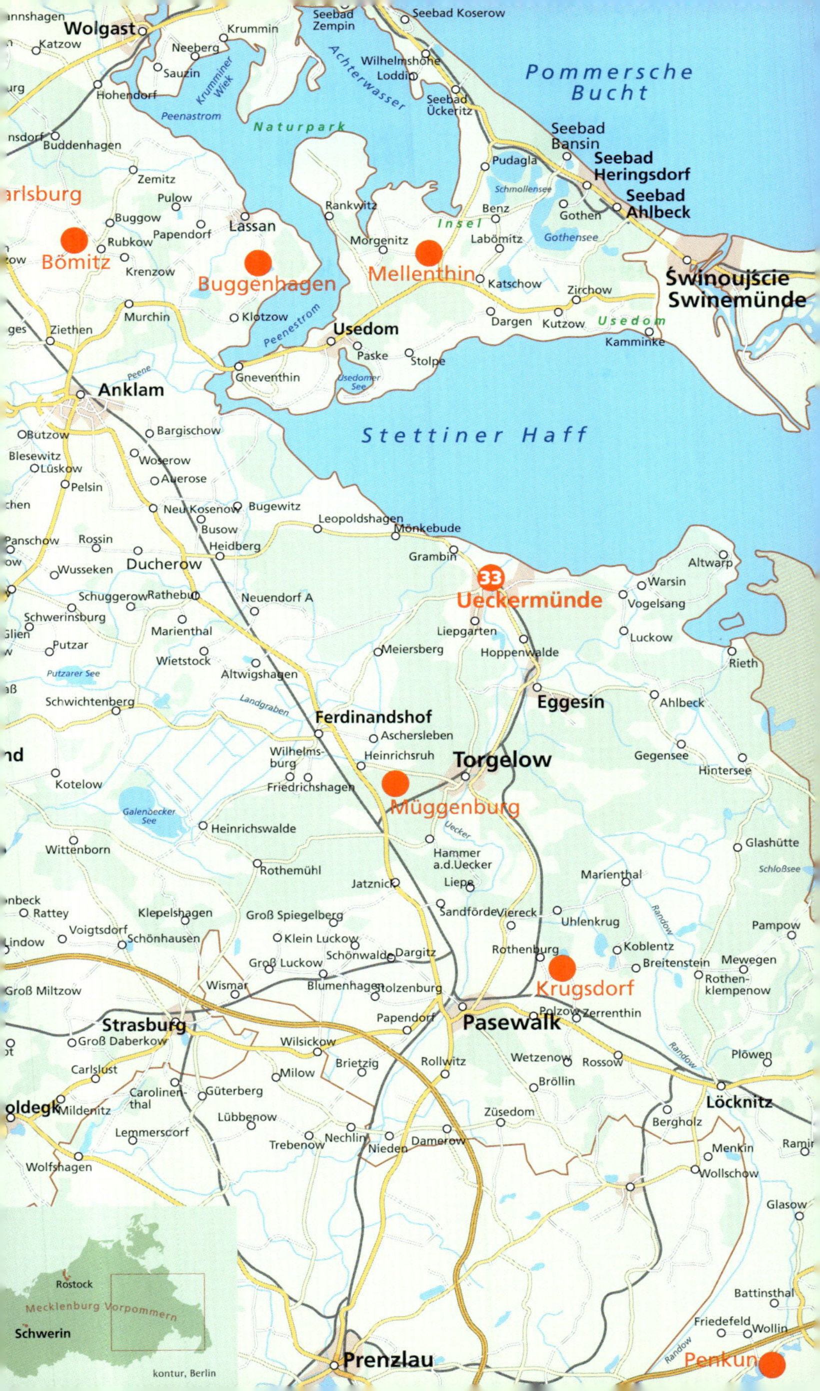

Wolgast
Krummin
Seebad Zempin
Seebad Koserow
Katzow
Neeberg
Sauzin
Krumminer Wiek
Achterwasser
Wilhelmshöhe
Loddin
Pommersche Bucht
Hohendorf
Peenastrom
Seebad Ückeritz
Naturpark
Buddenhagen
Seebad Bansin
Seebad Heringsdorf
Pudagla
Zemitz
Seebad Ahlbeck
Schmollensee
arlsburg
Pulow
Rankwitz
Benz
Gothen
Buggow
Lassan
Insel
Rubkow
Papendorf
Morgenitz
Labömitz
Gothensee
Bömitz
Krenzow
Buggenhagen
Mellenthin
Katschow
Świnoujście
Swinemünde
Zirchow
Murchin
Klotzow
Peenestrom
Dargen
Kutzow
Usedom
Ziethen
Usedom
Kamminke
Paske
Stolpe
Gneventhin
Usedomer See
Peene
Anklam
Stettiner Haff
Bargischow
Butzow
Woserow
Blesewitz
Lüskow
Auerose
Pelsin
Neu Kosenow
Bugewitz
Busow
Leopoldshagen
Mönkebude
Panschow
Rossin
Heidberg
Grambin
Wusseken
Ducherow
Altwarp
33
Schuggerow
Rathebur
Neuendorf A
Warsin
Ueckermünde
Vogelsang
Schwerinsburg
Liepgarten
Marienthal
Putzar
Meiersberg
Luckow
Hoppenwalde
Wietstock
Rieth
Putzarer See
Altwigshagen
Eggesin
Schwichtenberg
Landgraben
Ahlbeck
Ferdinandshof
Aschersleben
Wilhelmsburg
Heinrichsruh
Torgelow
Gegensee
Hintersee
Kotelow
Friedrichshagen
Müggenburg
Galenbecker See
Ueckerr
Heinrichswalde
Glashütte
Wittenborn
Hammer a.d.Uecker
Schloßsee
Rothemühl
Marienthal
Jatznick
Liepe
Rattey
Klepelshagen
Randow
Groß Spiegelberg
Sandförde
Viereck
Uhlenkrug
Pampow
Voigtsdorf
Schönhausen
Klein Luckow
Koblentz
Lindow
Rothenburg
Breitenstein
Mewegen
Groß Luckow
Schönwalde
Dargitz
Rothen-klempenow
Groß Miltzow
Wismar
Blumenhagen
Stolzenburg
Krugsdorf
Strasburg
Papendorf
Polzow
Zerrenthin
Pasewalk
Groß Daberkow
Wilsickow
Randow
Plöwen
Carlslust
Brietzig
Rollwitz
Wetzenow
Rossow
Milow
Bröllin
Löcknitz
Carolinenthal
Güterberg
Mildenitz
Züsedom
Bergholz
Lübbenow
Lemmersdorf
Ramin
Nechlin
Menkin
Trebenow
Nieden
Damerow
Wolfshagen
Wollschow
Glasow
Rostock
Mecklenburg Vorpommern
Schwerin
Battinsthal
Friedefeld
Wollin
Randow
Prenzlau
Penkun
kontur, Berlin

30 NEHRINGEN

Ein kaum bekanntes, um 1780 von der Familie des schwedischen Generalgouverneurs von Schwedisch-Pommern erbautes, barockes Gutsensemble hat sich in Nehringen erhalten, einem Ort, der in der stillen Trebelflusslandschaft malerisch versteckt liegt. Das Ensemble zeigt sich in einem schlichten Landhausstil.

Die im Park gelegene imposante, in dieser Gegend einzige noch hoch aufragende Ruine eines mittelalterlichen Bergfrieds (14. Jahrhundert) deutet auf eine frühere Burganlage, die gleich anderen die hier verlaufende alte Grenze zwischen Pommern und Mecklenburg schützen sollte. Das spätere Gutsdorf entstand im 18. Jahrhundert auf einer Anhöhe oberhalb der morastigen Trebelwiesen. Um ein Rasenrondell gruppiert sich das behäbige Herrenhaus mit seinen zwei Kavaliershäusern, die ihm in zwangloser Symmetrie zugeordnet sind. Auf der gegenüberliegenden nördlichen Seite reihen sich die innen in schwedischem Barock ausgestaltete Dorfkirche mit Friedhof sowie der Kopfbau vom Wirtschaftshof (frühere schwedische Grenzgarnison) aneinander. Ein Straßennetz lockert diese Abfolge räumlich auf. Zudem vermittelt es zum Gutsdorf. Ergänzend sei auf ein wenig beachtetes technisches Denkmal verwiesen, die hölzerne Zugbrücke (1907) über die Trebel.

HERRENHAUS NEHRINGEN
Ensemble im schlichten barocken Landhausstil

Von hier aus lohnt sich ein Abstecher ins mecklenburgische Wasdow, das urkundlich erstmals 1352 erwähnt worden ist. Auch hier entwickelte sich der Ort im Schutz einer hart am Sumpfgebiet von Trebel und Warbel gelegenen mittelalterlichen Burg. Als Überrest dieser Anlage blieb die Ruine vom Wehrturm erhalten. Im Bereich der einstigen Vorburg bildete sich der spätere Gutshof heraus, an den sich das einstige Gutsdorf mit seiner kleinen, 1375 errichteten Kirche anschließt. Architektonisch überwiegt die Formensprache des 19. Jahrhunderts.

Ein Gebäudeensemble ganz eigener Art blieb im Anschluss an den historischen Ortskern in Richtung Bobbin erhalten. Hier säumen typische Siedlungsbauten aus den frühen 1920er Jahren die Straße. Ihr ursprüngliches Aussehen, das entfernt an oberdeutsche, in Bayern verbreitete Bauernhausformen erinnert, blieb – eine Seltenheit! – weitgehend erhalten. In seiner Gesamtheit vermittelt der Wasdorfer Baubestand Landesgeschichte pur: beginnend mit der Kolonisation zur Herausbildung der Gutswirtschaft bis hin zur Siedlungsbewegung im beginnenden 20. Jahrhundert, die sich von einer Auflösung historisch gewachsener Gutsstrukturen begleitet zeigt.

18 Kilometer nordöstlich von Nehringen entfernt und der Kleinstadt Grimmen benachbart, findet sich der Ort **Quitzin**. Hier hat sich ein wehrhaft anmutender, 1607 erbauter Herrensitz erhalten, der im 18. und 19. Jahrhundert erweiter worden ist. Im Inneren des Gebäudes bestechen aufwändige Stuckaturen und eine doppelläufige Treppenanlage. Der in der Barockzeit angelegte Park ist im 19. Jahrhundert überformt worden. Inzwischen ist das Anwesen durch die Nachfahren der alten Besitzer liebevoll restauriert worden. Es empfiehlt sich durch die Ferienwohnungen.

Lage 50 Kilometer südlich von Stralsund
Anfahrt über Demmin
Nutzung Haus steht leer
Zugang Park ist zugänglich

GRIEBENOW

Obgleich sich der Ort Griebenow, 36 Kilometer nordöstlich von Nehringen entfernt, schon kurz vor Greifswald befindet, soll er hier Erwähnung finden, weil sich die dortige Gutsanlage so gut als Vergleich zu Nehringen eignet.

Diese ebenfalls weniger bekannte barocke Gutsanlage lohnt daher unbedingt einen Abstecher. Unter Einbeziehung eines älteren Vorgängerbaus entstand der repräsentative Herrensitz im frühen 18. Jahrhundert für den in schwedischen Diensten stehenden Grafen Carl Gustav v. Keffenbrinck-Rehnskiöld. Ungeachtet einiger fehlender Details blieb der Baukörper mit seiner charakteristischen Dachkonstruktion erhalten. Unter den einstigen Wohn- und Gesellschaftsräumen sticht der zweigeschossige, aufwändig stuckierte Festsaal hervor, ein treffliches Beispiel barocker Innenarchitektur.

Von der im 18. Jahrhundert angelegten Parkanlage haben sich beträchtliche Teile erhalten. In typisch barocker Regelmäßigkeit sind Kavaliershaus und Marstall dem Hauptgebäude zwar zugeordnet, als Nebenbauten aber hinter einer Allee verborgen. Zwei einfache Torhäuser begrenzen das Schlossensemble zum Dorf hin.

Eine Rarität stellt die 1616 errichtete Dorfkirche dar. Dabei handelt es sich um einen fünfzehnseitigen Zentralbau aus Fachwerk. Den Eckständern sind jeweils Säulenstützen vorgelegt, die das steile Zeltdach bzw. im Inneren das vielrippige Zeltgewölbe tragen. Die schöne Ausstattung stammt noch aus der Bauzeit.

Lage Nähe Greifswald
Anfahrt B194 B96
Anschrift Barockschloss zu Griebenow e.V. Schlossweg 3 18516 Griebenow Fon 038332 803 46 www.schloss-griebenow.de
Nutzung vollständig erhaltene Schlossanlage für Events, Kunst und Kultur, Ausstellungen, Feiern

31 NEETZOW

In der Region südlich von Greifswald bieten auf engem Raum gleich mehrere Schlösser und Herrenhäuser dem Kenner lohnende Ziele: Klempenow und die Festung Spantekow, Müggenburg, Vanselow und Kartlow. Als Ausgangspunkt aber bietet sich Neetzow an.

Eine Babelsberg-Reminiszenz ist das Neetzower Schloss. Auch hier bleibt das bewusste Anknüpfen an die Romantik englischer Landsitze unübersehbar. Das 1848–51 nach Plänen von Friedrich Hitzig ausgeführte Gebäude entstand als Auftrags-werk des wirtschaftlich außergewöhnlich erfolgreichen Wilhelm v. Kruse († 1866). Die vielgliedrige, ausgewogen gestaffelte Anlage entwickelt sich über einem asymmetrischen Grundriss. Dadurch wirkt der Baukörper ungemein plastisch. Dennoch ist die Fassadengliederung im Einzelnen klar und übersichtlich, sind Baumaterial und Dekor überaus sorgfältig behandelt. In alledem atmet etwas vom Architekturempfinden der Schinkel-Schüler, zu denen auch Hitzig zählte. Die Bausteine – gelbe, als für die Region untypi-

SCHLOSS NEETZOW
Eine Babelsberg-Reminiszenz

sche Klinker – sind übrigens in der gutseigenen Ziegelei hergestellt. Aus der einst bekannten Berliner Feilner-Fabrik stammen die vielfältigen figürlichen und ornamentalen Schmuckelemente. Von bemerkenswerter Qualität sind ferner die gusseisernen Bauelemente.

Trotz einiger Detailverluste 1964 bleibt der Gesamteindruck dieser großzügig gehaltenen Architekturkomposition beachtlich. Von der ursprünglich reichen Innenarchitektur künden einige original erhaltene Raumdekorationen.

An den Schlossbau schließt sich ein ausgedehnter Landschaftspark an, bei dessen Planung Lenné beraten haben soll. Abgerundet wird das Gutsensemble durch den großen Wirtschaftshof.

Schloss Neetzow
Mit ausgedehntem Landschaftspark

Nach fast 3-jähriger Restaurierung und Sanierung des Hauses zum Hotel & Restaurant hat das Schloss im Juni 2004 die Pforten für die Gäste geöffnet. 29 komfortabel eingerichtete Zimmer lassen keine Wünsche offen. Warme und helle Farben runden das Gesamtbild des Hauses ab und geben ihm sein unverwechselbares Flair. Im Restaurant des Hauses verwöhnt Sie das Küchenteam mit mediterraner Küche und Spezialitäten des Hauses.

Lage zwischen Anklam und Jarmen
Anfahrt A20 B110
Anschrift Schloss Neetzow Hotel- & Restaurantbetrieb Ltd.
Dorfstraße 45 17391 Neetzow Fon 039721 56 60
www.schloss-neetzow.de
Nutzung Hotel

BURG KLEMPENOW

In Klempenow, etwa 13 Kilometer südlich von Neetzow direkt an der B 96 gelegen, findet man noch heute mittelalterliche Burgenromantik.

Burg Klempenow ist eine Niederungsburg im Tollensetal. Die Anlage erfolgte im 13. Jahrhundert, in der Zeit der frühen deutschen Besiedlung in diesem Raum. Das Geschlecht derer von Heydebreck ist seit 1254 im Demminer Raum bekannt. Sie sind als Lehnsherren mit der Burg bis ins 16.Jahrhundert verbunden. Nach dem 30jährigen Krieg kam die Burg mit einigen kurzen Unterbrechungen bis 1720 in schwedischen Besitz und wurde dem berühmten Feldmarschall Knyphausen als Pfandlehen übergeben. Mit ihm tritt eine schillernde Familie über drei Generationen die Herrschaft über Klempenow an. In der nachfolgenden Geschichte war Burg Klempenow Amts- und Domänensitz bis sie nach 1945 Wohnort für Flüchtlingsfamilien wurde. Es entwickelt sich das ganze Spektrum DDR-gemäßen Wirtschaftens und Lebens. Seit 1991 saniert der Verein Kultur-Transit-96 e.V. mit Unterstützung des Landkreises, des Landes, der deutschen Stiftung Denkmalschutz und der Gerhard Ten

Burg Klempenow
Mit herrlichem Blick in das Tal der Tollense

Doornkaat Koollmann Stiftung die Burganlage und belebt sie mit vielfältigen kulturellen Veranstaltungen.

Von der ursprünglichen Anlage und den Umbauten des 14., 15. und 16. Jahrhunderts sind noch der Nordflügel mit der Wehrmauer und der Turm mit dem wunderschönen Kaminzimmer und dem Söller erhalten. Von dort oben hat man einen herrlichen Blick in das unbegradigte Tal der Tollense. Heute befindet sich außerdem in dem Gebäude die Galerie der Burg Klempenow, ein kleines Cafe und der große Burgsaal für Konzerte und Feste. Süd- und Westflügel mit ihren imposanten Kellergewölben sind ebenfalls noch erhalten und beherbergen verschiedene Funktionen. Kino und Jazzveranstaltungen finden dort statt. Büros, eine touristische Informationsstelle über Besonderheiten und Geschichte der Region und eine einfache Gästeunterkunft befinden sich in den Räumen.

Im benachbarten **Neuendorf** beeindrucken die immer noch gewaltigen Überreste der 1576–79 errichteten **Veste Landskron**. Schon seit dem 30-jährigen Krieg in Verfall, gilt die Anlage seit dem 19. Jahrhundert als romantischste Burgruine Pommerns. Von hier aus bietet sich ein schöner Blick auf die Weite der Landgraben-Niederung.

Lage an der Tollense
Anfahrt am Kreuzungspunkt B96 und B199
Anschrift Kultur-Transit-96 e.V. Burg Klempenow
17089 Klempenow Büro Fon 03965 21 13 31
Galerie Fon 03965 21 13 34 Büro Café Fon 03965 21 13 32
www.burg-klempenow.de
Nutzung Kulturveranstaltungen
Zugang Führungen möglich

FESTUNG SPANTEKOW

Liebhaber von Burgen dürfen auch einen Besuch der Festung Spantekow, 15 Kilometer südöstlich von Neetzow, nicht versäumen. Denn Flachlandfestungen solchen Ausmaßes wie in Spantekow – die umbaute Fläche misst 190 x 250 Meter – stellen in Mecklenburg-Vorpommern eine ausgesprochene Rarität

FESTUNG SPANTEKOW
Festungsanlage nach italienischem Muster

dar. Ihr Ausbau von einer mittelalterlichen Burg zur neuzeitlichen Wehranlage erfolgte 1558–67. Auftraggeber war Ulrich I. v. Schwerin († 1575), der einflussreiche Ratgeber des Wolgaster Pommernherzogs Philipp I. († 1560). An den Bauherrn und seine Gemahlin Anna v. Arnim erinnert die aufwändige Relieftafel oberhalb des Festungseingangs. Sie zeigt Ulrich v. Schwerin und seine Gemahlin fast lebensgroß.

Dem Stand damaliger Militärtechnik entsprechend entstand die Befestigung auf unregelmäßigem Grundriss. Bis zu 50 Meter breite Wassergräben, etwa vier Meter starke Erdwälle, Kasematten und Eckbastionen boten einen sicheren Schutz vor Feuerwaffen. Im Festungsinneren haben sich in sparsamen Renaissanceformen ausgeführte, später veränderte Wirtschafts- und Wohnbauten mit bauzeitlicher Raumgestaltung erhalten. Dazu zählt der Remter im Hauptgebäude. Es handelt sich dabei um einen zweischiffigen, gewölbten Saal, an dessen Nordwand ein auf 1576 datierter Kamin steht.

Den 30-jährigen Krieg überstand die Festung ohne nennenswerte Schäden. Erst 1677, während des schwedisch-brandenburgischen Krieges, wurde die Anlage in Teilen geschleift. Die Kasematten blieben erhalten und können besichtigt werden.

Lage Nähe Anklam
Anfahrt A20
Info Kaspar Hans von Harnier Freiherr von Regendorf
Fon 038851 330 99 www.burg-spantekow.de
Nutzung ungenutzt

VANSELOW

Ein Ausflug in westlicher Richtung von Neetzow führt nach 15 Kilometern über die B 110 nach Vanselow. Entlang einer alten Allee, vorbei an wieder hergestellten Wirtschaftsbauten und einer gepflegten Dorfkirche führt der Weg auf das Vanselower Herrenhaus, das sich mit seiner breiten Auffahrt einladend öffnet. Die Geschichte reicht hier weit zurück. In unmittelbarer Nähe vom Dorfkern blieb eine 1265 erstmals erwähnte Burgstelle erhalten, von der sogar noch Baureste existieren. Im Jahre 1332 kam das Gut zu den v. Maltzahns, einer uralten ostelbischen Familie, deren Nachkommen hier seit 1990 wieder Landwirtschaft, ein Hotel sowie gepflegte Gastronomie betreiben.

Und es bleibt an Hans Karl v. Winterfeldt zu erinnern, einst Flügeladjudant Friedrichs des Großen, der in Vanselow 1707 geboren wurde. Das 1991 vollständig renovierte Herrenhaus, ein spätklassizistischer Bau, entstand 1869–71 nach Plänen von Georg Daniel. Die interessante Treppenkonstruktion und die innere Raumstruktur des Gebäudes vermitteln etwas vom Wohnkomfort jener Zeit. Hinter dem Herrenhaus erstreckt sich das Tollense-Tal, zu dem ein kleiner Park überleitet. Das Vanselower Herrenhaus wartet also vor allem auf naturverbundene Hotelgäste.

Lage zwischen Demmin und Jarmen
Anfahrt B110
Anschrift Schlosshotel Vanselow Dorfstraße 16
17111 Siedenbrünzow Fon 03998 280 90
Nutzung Hotel

Schloss Vanselow
Ein spätklassizistischer, voll renovierter Bau

KARTLOW

Schon kurz vor der Einbiegung nach Vanselow, zweigt von der B110 ein Weg nach Kartlow, etwa 12 Kilometer von Neetzow entfernt, ab. Hier blieb mit dem Kartlower Herrenhaus (1853–59) ein schönes Beispiel für das romantisch-historisierende Architekturverständnis des 19. Jahrhunderts erhalten. Diesmal hatte Friedrich Hitzig, von dem wie erwähnt ja auch die Landsitze in Kittendorf und in Neetzow stammt, ein Gebäude entworfen, das Assoziationen an mittelalterliche Burganlagen wecken sollte. Gotisierende Türme, teilweise reich gegliederte Giebelaufbauten und verspielte Dekorationselemente bestimmen das malerische Gesamtbild des ausgewogen proportionierten Baukörpers. Proben bauzeitlicher Innenarchitektur sind erhalten. Bereits 1985–86 gelang die Freilegung von Historien-Wandmalereien im Bereich der Eingangshalle. Der Bauherr des Kartlower Herrenhauses war Wichard Wilhelm v. Heyden († 1871), dessen Familie Kartlow bereits seit 1536 zu Lehen hatte. Als befähigtem Landwirt war ihm die Umstrukturierung seines Gutes zu einem prosperierenden, exportorientierten Großbetrieb gelungen. Hiervon zeugt die auch später noch vorangetriebene Überarbeitung des Wirtschaftshofes, dessen Gebäude ästhetischen Ansprüchen durchaus gerecht werden.

Einen großzügig angelegten Landschaftspark muss der Bauherr schon frühzeitig ins Auge gefasst haben. Für Kartlow ist ein auf 1840 datierter Plan von Peter Joseph Lenné belegt, der in wesentlichen Teilen auch zur Ausführung gelangt ist. Leider ist der Park durch spätere Nutzungen in seiner Struktur stark verändert.

Lage zwischen Demmin und Jarmen
Anfahrt B110
Nutzung ungenutzt
Zugang Innenbesichtigung nicht möglich

32 KARLSBURG

Der heute durch das gleichnamige Klinikum weithin bekannte Ort besitzt eine der bedeutendsten barocken Schlossanlagen (1732–39) Pommerns. Durch Heirat war die Besitzung an die Familie v. Bohlen gelangt und im 19. Jahrhundert an die Familie v. Bismarck, weitläufige Verwandte des nachmaligen deutschen Reichskanzlers. Ursprünglich hieß das Gutsdorf Gnatzkow. Aber nachdem der schwedische König Gustav III. hier einmal Quartier genommen hatte, erfolgte auf Betreiben des damaligen Schlossherrn die Umbenennung der Ortschaft in Karlsburg.

Anlass für den grandios geplanten Schlossbau war der Verfall des alten Gutshauses. Die Vorbereitung erfolgte vor dem

SCHLOSS KARLSBURG
Eine der bedeutendsten Schlossanlagen Pommerns

großen Brand, der Gnatzkow 1732 heimgesucht hatte. Nach dem Brand sah der ursprüngliche Bauplan eine rhythmisch gestaffelte Baugruppierung von Haupthaus mit symmetrisch ansetzenden Galerie- und Pavillonbauten vor. Der Westflügel kam aus Kostengründen nicht mehr zur Ausführung. Im Haupttrakt ist die innere Raumstruktur erhalten. Bemerkenswert sind der reich stuckierte Weisse Saal und holzgetäfelte Räume, zu deren Ausstattung Bildnisse des 18. und 19. Jahrhunderts zählen.

Zeitgleich zum Schlossbau war eine barocke Gartenanlage entstanden, die aber bereits um 1800 überarbeitet und 1848 zu einem Landschaftspark mit Blick auf die freie Natur umgestaltet worden ist. Auffällig ist ein Brunnenaufsatz, der laut Überlieferung vom lange abgebrochenen Wolgaster Schloss stammen soll. Am nördlichen Ende der Schlossachse befindet sich die Dorfanlage, die sich halbkreisförmig um einen Platz mit zwei Teichen gruppiert.

Der Grundbesitz des Schlosses und der Schlosspark werden von der Ernst-Moritz-Arndt-Universität Greifswald verwaltet. Das Schloss ist heute Dienstgebäude der Universität.

Von Karlsburg aus bieten sich vier interessante Ausflüge zu weiteren architekturgeschichtlich bedeutsamen Orten an: nach Bömitz, Quilow, Buggenhagen und nach Mellenthin auf Usedom.

Lage 17 km nördlich von Anklam, 20 km südöstlich von Greifswald
Anfahrt B109 zwischen Greifswald und Anklam
Nutzung Festspielort Medizinisches Zentrum
Zugang Barocksaal zur Besichtigung

BÖMITZ

In Bömitz, 10 Kilometer südöstlich von Karlsburg, lohnt das dortige Herrenhaus einen Besuch.

Dieses Herrenhaus gilt durch seine Baustruktur als Rarität. Verlässliche Nachrichten zur Gutsgeschichte liegen kaum vor. Erstmals urkundlich erwähnt wurde das Gut schon 1340. Nach Unterlagen von 1693 hat es den Anschein, dass der Gutshof in den kriegerischen Auseinandersetzungen des 17. Jahrhunderts zur Wüstung verkommen war. Der Wiederaufbau des Gutsbetriebes zog sich hin, und erst 1729 wird für Bömitz wieder ein Pächter vermeldet. In seinem Kern stammt das Herrenhaus noch aus dem 18. Jahrhundert, scheint aber mehrfach verändert worden zu sein. Das klassizierende säulengeschmückte Portal wertet den vergiebelten Mittelrisalit vorsichtig auf. In Symmetrie stoßen an den Haupttrakt zwei stumpfwinklig ansetzende Fachwerkflügel. Sie verleihen dem Gebäudekomplex eine Form, die in Mecklenburg-Vorpommern selten anzutreffen ist. Der Vergleich mit Gustävel und Leppin erlaubt eine vorsichtige Datierung auf 1830/40. Die Parkanlage (mit Teehaus, Glockenstuhl, u. a.) zeichnet sich durch älteren Baumbestand aus. Nach jahrelanger Verwahrlosung ist der alte Herrensitz inzwischen verständnisvoll instand gesetzt und gastronomischer Nutzung zugeführt.

Rittergut Bömitz
Seine Baustruktur macht es zur Rarität

Lage zwischen Anklam, Greifswald und Wolgast bei Rubkow
Anfahrt A20 B109
Anschrift Landhotel Rittergut Bömitz 17390 Bömitz
Fon 039724 22 540 www.landhotel-boemitz.de
Nutzung Hotel Restaurant

BUGGENHAGEN

In Buggenhagen, nahe dem Peenestrom und etwa 25 Kilometer östlich von Karlsburg gelegen, wirkt das kleine Schloss von Weitem barock. Ein Besuch lohnt sich allemal, auch wenn dem Gebäude als Baudenkmal nennenswerte kunstgeschichtliche Bedeutung kaum zukommt. Die Baugeschichte ist nahezu unbekannt. Offensichtlich über älteren Fundamenten errichtet, stammt der Kernbau aus der Mitte des 18. Jahrhunderts. Er ist später – so 1842 und um 1900 – mehrfach erweitert worden. Eingebunden in das zu großen Teilen erhaltene Gutsensemble erweist sich der einstige Herrensitz als unverzichtbares Geschichtszeugnis für seine Region. Hierin liegt der Reiz des Gebäudes.

Das benachbarte Städtchen **Lassan** ist einen Abstecher wert. Die gotische Kirche und mittelalterliche Befestigungsanlage sowie die bescheidenen Wohnbauten aus dem 19. Jahrhundert verleihen dem immer noch geschlossen wirkenden Ortsbild etwas Romantisches. Die Barockausstattung der Stadtkirche (Altaraufsatz und Kanzel) stammt von Elias Keßler, einem damals viel beschäftigten Stralsunder Bildhauer.

Lage westlich von Usedom, Nähe Peenestrom
Anfahrt von Anklam Richtung Lassan
Anschrift Schloss Buggenhagen Straße des Friedens 6
17440 Buggenhagen

MELLENTHIN

In den Ort Mellenthin auf der Insel Usedom gelangt man nach einer 36 Kilometer langen Fahrt von Karlsburg aus über die den Peenestrom überspannende Brücke bei Anklam. Direkt an der B 110 im Hinterland der viel besuchten Ferieninsel liegt Mellenthin am Nordrand der Mellenthiner Heide.

Über einem älteren Vorgängerbau ließ Rüdiger v. Neuenkirchen, ein Vertrauter des kunstsinnigen Herzogs Ernst Ludwig von Pommern-Wolgast († 1592) hier ein Wasserschloss 1575-80 errichten. Die Schlossinsel wird von einem vollständig erhaltenen, etwa 15 Meter breiten, teilweise ausgemauerten Graben umzogen. Das zweigeschossige, nur zurückhaltend dekorierte Hauptgebäude ist hofseitig durch den Treppenturm und zwei Vorbauten gegliedert. Erstaunlich aufwändig ist die Eingangshalle gestaltet. Hier trägt eine Säule die Deckenwölbung, und ferner fällt der 1613 gearbeitete Prunkkamin ins Auge. An das Haupthaus stoßen zwei eingeschossige Nebentrakte, so dass das kleine Ensemble das Aussehen einer Dreiflügelanlage gewinnt. Unter den Portalen des Ostflügels verdient der einstige Zugang zur Schlosskapelle Beachtung. Nordöstlich der Schlossinsel schließt sich ein kleiner Landschaftspark an.

Lage auf Usedom
Anfahrt nach Ueckeritz rechts südlich fahren
Anschrift Wasserschloss Mellenthin Dorfstraße 25
17429 Mellenthin Fon 038379 289 30
www.usedomnews.de
Nutzung Gastronomie
Zugang Innenbesichtigung des Schlosses wegen Restaurierung nicht möglich, nur teilweise über Restaurant (restauriert)

33 UECKERMÜNDE

Nur noch Überreste einer einst prachtvollen Burg lassen sich in Ueckermünde besichtigen. Lange Jahre diente sie den pommerschen Herzögen als Quartier bei ihren Jagdaufenthalten in den Wäldern der Ueckermünder Heide.

Urkundliche Erwähnungen von 1178 und 1284 belegen die Existenz eines befestigten pommerschen Fürstensitzes auf einer Anhöhe nahe der Uecker. Das Aussehen der mittelalterlichen Burg ist unbekannt. Aber es bleibt anzunehmen, dass der klobige Feldsteinsockel des Bergfrieds dieser Anlage entstammt. Die zu Ausgang des 15. Jahrhunderts baufällige Befestigung

BURG UECKERMÜNDE
Nur der Südflügel und der Bergfried sind erhalten

wurde bis 1546 durch ein prachtvolles Renaissanceschloss ersetzt. Auf alten Stichen ist der Bau als dreigeschossige Vierflügelanlage abgebildet. Sie besaß einen Turm mit hohem, spitzem Helm und war im Dachbereich mit aufwändigen Zwerchhäusern besetzt. An den Bauherrn, den kunstsinnigen Pommernherzog Philipp I., erinnert ein am Treppenturm eingelassenes Sandsteinrelief.

Nach wiederholten Kriegsschäden bot sich der einstige Prachtbau ruinös dar und wurde schließlich 1720 weitgehend abgebrochen. Rudimentär blieben der Südflügel und der Bergfried erhalten. Überreste einstigen dekorativen Reichtums fallen auf, so die aufwändigen Wölbungen im Erdgeschossbereich, die immer noch interessante Gliederung der Hoffassade sowie das Portal und die Vorhangfenster am Treppenturm. Nach dem Brand von 1908 erhielt der Bergfried seinen barockisierenden Turmhelm. Heute ist im Schloss das Haffmuseum untergebracht.

Die Ausstellung gibt einen Einblick in die Entwicklung der Stadt. Eng verbunden mit dieser Stadtentwicklung sind die Schifffahrt, der Schiffbau und der Küstenfischfang. Dies bildet auch einen Schwerpunkt bei den Exponaten.

Lage ganz im Nordosten von Mecklenburg-Vorpommern am Südufer des Oderhaffs
Anfahrt über A11, A20 oder A19, dann auf die B109
Anschrift Haffmuseum im Schloss Am Rathaus 3 17373 Ueckermünde Fon 039771 284 42

MÜGGENBURG

Die ersten Anfänge von Schloss Müggenburg gehen auf eine Niederungsburg zurück, die auf einer „Mügge", d.h. einer von Feuchtgebiet umgebenen Landzunge errichtet worden ist. Ihre urkundliche Ersterwähnung datiert von 1355 und sie soll 1434 bei einer der zahllosen mittelalterlichen Fehden zerstört worden sein. Von der alten Wasserburg blieb nur der Bergfried erhalten. Zwischen 1889-91 erhielt das romantisch anmutende schlossartige Gebäude sein heutiges Aussehen. Der Burgturm wurde mit einer Backsteinverblendung versehen und geschickt in den Neubau einbezogen. Dieser erhebt sich über einen hohen Feldsteinsockel und weist im Detail romanisierende wie gotisierende Gestaltungselemente auf. Bemerkenswert ist die zweigeschossige, kreuzrippengewölbte und farbig gefasste Eingangshalle. Hinzuweisen bleibt auf zeitgleiche, in Feldsteinbauweise errichtete Wirtschaftsgebäude.

Lage südwestlich von Anklam, nicht zu verwechseln mit drei gleichnamigen Orten
Anfahrt B 189 Landstraße von Anklam Richtung Spantekow, in Neuenkirchen abbiegen
Anschrift Schloss Müggenburg Zur Burg 24
17392 Müggenburg www.holz-bohse.de/unserschloss.html
Nutzung Ausflugsziel Verkauf von Holzprodukten Handwerksbetrieb
Zugang ganzjährig

KRUGSDORF

Von Ueckermünde aus liegt etwa 30 Kilometern südlich Krugsdorf, östlich von Pasewalk. Kenner der Reformarchitektur kommen hier auf ihre Kosten.

„Von innen nach außen zu bauen und die Schönheit des Materials voll zu nutzen", diese Idealvorstellung der Reformarchitekten sollte die Formgebung der im Landhausstil konzipierten herrschaftlichen Wohnbauten nachhaltig prägen. Ausdrucksvolle Dachsilhouetten, sorgfältig abgestimmte Materialwirkungen, glatte Wandflächen und kontrastierende Fensteröffnungen kennzeichnen das architektonische Erscheinungsbild solcher Bauwerke. Zu ihnen zählt auch das Krugsdorfer Herrenhaus (1921). Verzahnt mit dem alten, um 1880 modernisierten Gutshof und dem Areal der Dorfkirche (18. Jahrhundert) blieb ein überzeugendes kleines Gutsensemble erhalten.

Lage 30 km südlich von Ueckermünde
Anfahrt über Pasewalk
Anschrift Schlosshotel und Restaurant Krugsdorf
Zerrenthiner Straße 2 17309 Krugsdorf
Fon 039743 502 37
Nutzung Hotel

PENKUN

Von Krugsdorf aus empfiehlt sich ein Abstecher ins noch einmal 30 Kilometer südlicher gelegene Penkun nahe der Autobahn 11, Abfahrt Penkun. Hier, im südöstlichen Zipfel von Mecklenburg-Vorpommern, befindet sich ein bemerkenswertes Renaissanceschloss. Die unregelmäßige Dreiflügelanlage entstand um 1600 über den Resten einer bereits 1190 erwähnten Burg. Als Baumeister wird Taddeo Paglione genannt. Es heißt, dass der 1580 vollendete Johann-Friedrich-Bau des Stettiner Stadtschlosses als künstlerisches Vorbild gedient habe. Auftraggeber war Joachim v. d. Schulenburg. Seine Familie war mit Penkun bereits im 15. Jahrhundert belehnt worden und vermochte es bis 1614 zu halten. Von der einstigen Prachtentfaltung zeugen noch einige dekorative Elemente, so die beiden Türme, das hofseitige Prunkportal sowie einige gewölbte bzw. stuckierte Räume. Das lange abbruchgefährdete Bauwerk wird seit 1991 gesichert.

Lage nur wenige km bis Polen
Anfahrt A11 Abfahrt Penkun
Anschrift Museumsverein der Stadt Penkun e. V. Schlosshof 3
17328 Penkun Fon 039746 26 21 48
www.museum-schloss-penkun.de
Nutzung Museum Veranstaltungen

AUSWAHL WEITERER SEHENSWERTER SCHLÖSSER UND GUTSHÄUSER IN MECKLENBURG VORPOMMERN

Landkreis Bad Doberan

Ehmkendorf, im Kern Mitte 18. Jh., um 1860 überformt
Garvensdorf, neogotisch, Mitte 19. Jh.
Gerdshagen, barock, Anfang 18. Jh., Mitte 19. Jh.
Gersdorf, neogotisch, um 1868
Groß Kussewitz, klassizistisch, 1805
Klein Kussewitz, neogotisch, Mitte 19. Jh.
Poppendorf, klassizistisch, um 1830
Stubbendorf, neobarock, 1906 von Paul Korff-Laage

Landkreis Demmin

Bredenfelde, neogotisch, 1855 von Friedrich Hitzig
Brook, neogotisch, 1850 im Kern barock
Faulenrost, barock, 1761-64, Herrenhaus nicht erhalten
Gützkow, barock, 1777
Leistenow, klassizistisch, 1842
Luplow, barock, um 1730
Pinnow (Malchin), klassizistisch, um 1830
Schmarsow, barock, 1625 und 1794
Tützpatz, barock und neobarock, 1779 und 1908
Verchen, 1750/54 auf den Grundmauern des Baus von 1603 erbaut

Landkreis Güstrow

Bülow, klassizistisch, Anfang 19. Jh.
Carlsdorf, 1910 von Paul Korff-Laage
Charlottenthal, neogotisch, Mitte 19. Jh.
Groß Wüstenfelde, Ziegelfachwerkbau, Ende 17. Jh.
Katelbogen, historistisch, 1898
Kurzen Trechow, 1601 und 1814
Lübzin, um 1912 von Paul Korff-Laage
Rothspalk, klassizistisch, um 1830
Spoitgendorf, neogotisch um 1880 von G.L. Möckel
Zapkendorf, barock, Mitte 18. Jh.

Landkreis Ludwigslust

Blücher, barock, 1703
Brahlstorf, neogotisch, Mitte 19. Jh.
Camin, barock, 1786 und Mitte 19. Jh.
Drönnewitz, barock, 1793
Melkof, neogotisch, 1870/80 von G.L. Möckel
Mühlenbeck, spätklassizistisch, um 1880
Tessin, klassizistisch, um 1835
Tüschow, klassizistisch, um 1840
Walsmühlen, barock, 2. Hälfte 17. Jh.
Zühr, barok, um 1730

Landkreis Mecklenburg-Strelitz

Glanzkow, im Kern barock, 19./20. Jh. überformt
Gevezin, neobarock, um 1910
Groß Miltzow, 18. Jh., um 1840 in französischen Renaissanceformen umgebaut
Kreckow, barock, 1744
Peckatel, 2. Hälfte 18. Jh. erbaut und Ende 19. Jh. überformt
Quadenschönfeld, 2. Hälfte 18. Jh. und 1897/98
Schönhausen, 1843 von F.W. Buttel
Sponholz, barock, 1742-45 von Julius Löwe

Landkreis Müritz

Alt Schwerin, barock, 1733
Groß Gievitz, 18. Jh. und 1910
Klein Plasten, neobarock, 1700 und 1899
Lansen, barock, 18. Jh.
Puchow, neobarock, um 1910
Retzow, klassizistisch, um 1810
Rumpshagen, barock, 1730-32
Schloss Grubenhagen, klassizistisch, 1840
Vollrathsruhe, neobarock, 1918
Zahren, barock, Mitte 18. Jh.

Landkreis Nordvorpommern

Daskow, neobarock, 1905
Divitz, 16./17. Jh., im 18. Jh. barock ergänzt
Dudendorf, historistisch, um 1860/70

Klevenow, 16./17. Jh. und Ende 19. Jh.
Pawow, Neorenaissance, um 1860
Preetz, spätklassizistisch, 1881
Quitzin, barock, 1607, im 18. Jh. verändert
Schlemmin, neogotisch, um 1860
Semlow, spätklassizistisch, 1. Hälfte 19. Jh. und 1868
Turow, Renaissance, im 18. Jh. barock verändert

Landkreis Nordwestmecklenburg

Gottesgabe, neogotisch, Mitte 19. Jh., im Kern barock
Grambow, neobarock, 1907, im Kern älter
Großenhof, barock, 17./18. Jh.
Groß Schwansee, barock, 1745
Klein Trebbow, Neorenaissance, 1865 von H. Willebrand
Lützow, neogotisch, 1876
Schönfeld, klassizistisch, 1819/20 von Christian Joseph Lillie
Wedendorf, klassizistisch, 1805-10 von M.F. Rabe, im Kern von 1697

Landkreis Ostvorpommern

Auerose, neobarock, 1902
Gützkow, barock, 1777
Kuntzow, klassizistisch, 1812
Lüskow, Neorenaissance, 1868
Müggenburg, neogotisch, 1889/91, der Bergfried mittelalterlich
Pudagla, Renaissance, 16. Jh.
Putzar, Renaissance, 16. Jh.
Wrangelsburg, neogotisch, um 1880

Landkreis Parchim

Borkow, barock, 18. Jh. und 1920
Bülow, klassizistisch, 1842, im Kern barock
Golchen, neogotisch, um 1860
Greven, spätklassizistisch, um 1830, 1885 und 1910
Raben Steinfeld, Neorenaissance, 1886/87 von H. Willebrand
Wendorf, Neobarock, 1910 von Paul Korff-Laage

Landkreis Rügen

Granskevitz, barock, 17./18. Jh., im Kern älter
Groß Schoritz (Geburtshaus von E.M. Arndt), barock, Mitte 18. Jh.
Karnitz, neogotisch, 1834/35
Kartzitz, barock, um 1750
Lancken, barock, 1. Hälfte 18. Jh.
Libnitz, neobarock, um 1912
Renz, barock, Anfang 17. Jh., im Kern älter
Tribbevitz, neogotisch, Mitte 19. Jh.
Udars, barock, 2. Hälfte 17. Jh.
Venz, Renaissance, 2. Hälfte 16. Jh., im 17. Jh. verändert

Landkreis Uecker-Randow

Bröllin, neogotisch, Mitte 19. Jh.
Groß Luckow, neobarock, um 1915
Heinrichsruh, Barock, Mitte 18. Jh.
Rothenklempenow, barock, 18. Jh.

Diese Zusammenstellung wurde vom Landesamt für Denkmalpflege Mecklenburg-Vorpommern erarbeitet.

GLOSSAR

Achse gedachte Linie im kompositorischen Aufbau eines Lageplanes bzw. eines Grund- oder Aufrisses von Gebäuden bzw. Ensembles

Allee durch parallel verlaufende Baumreihen gebildeter Baumgang

Altsiedelland mitteleuropäische Gebiete, von denen seit dem 9. Jahrhundert Siedlungsbewegungen ausgingen

Arkade auf Pfeilern oder Säulen bzw. Wandvorlagen ruhende Bogenreihe

Attika brüstungsartiger Aufbau oberhalb des Hauptgesimses eines Gebäudes

Backsteinbau Mauerverbände aus unverkleidetem Backstein

Barock europäischer Baustil, in Deutschland ca. 1650 bis 1750

Bauernlegen Einziehen von Bauernstellen im Zusammenhang mit der Herausbildung von Großgrundbesitz

Bergfried innerer Haupt- und Fluchtturm einer mittelalterlichen Burg

Blende Scheinarchitektur zur Wandgliederung massiver Baukörper, u. a. in Form von Bögen und Arkaden

Bodenreform im Herbst 1945 in der damaligen Sowjetischen Besatzungszone rigoros durchgeführte entschädigungslose Enteignung aller landwirtschaftlichen Betriebe von mehr als 100 Hektar sowie deren Parzellierung und Vergabe an so genannte Neubauern

Bohlenbinderdach besondere, Holz sparende Dachkonstruktion

Burg bewohnte mittelalterliche Wehranlage, errichtet unter Ausnutzung günstiger Geländebedingungen als Höhen-, Niederungs- oder Wasserburg

Chinoiserie freie Nachbildungen fernöstlicher Zierformen in der europäischen Kunst des 17. und 18. Jahrhunderts

Christogramm Namenszeichen Jesu Christi, gebildet aus den Anfangsbuchstaben des griechischen Namens bzw. allgemeines Zeichen für Christentum

Cottagen kleine, malerisch aufgebaute Landhäuser

Dekor Gesamtschmuck einer Fläche

Denkmal Gebäude oder plastisches Werk zur Erinnerung an eine Persönlichkeit oder ein historisches Ereignis bzw.

Gebäude oder Bauensemble, die aufgrund historischer, kultur- oder kunstgeschichtlicher Erwägungen erhaltenswert und denkmalpflegerisch zu betreuen sind

DOMÄNE in Staatsbesitz befindliches Landgut

DONJON wehrhafter Wohnturm einer mittelalterlichen Burg

EMPIRE baukünstlerische Strömung des Klassizismus, gekennzeichnet durch antike römische und ägyptische Stilelemente

ENFILADE streng axial ausgerichtete Raumfolge

FACHWERKBAU Gebäude mit einer Konstruktion aus einem Holzbalkengerüst, dessen Gefache durch Bohlen, Lehmflechtwerk, Ziegel oder Feldsteine geschlossen sind

FESTONALLEE seltene gärtnerische Ausformung einer Allee durch einen Kronenzuschnitt in Form bogenförmiger Hängegirlanden

FESTUNG Flucht-, Wehr- und Verteidigungsanlage, seit Erfindung der Feuerwaffen eine selbstständige Bauaufgabe

FLORISSTIL auf den Niederländer Cornelis Floris zurückgehendes System dekorativer Ornamentik

FRIDERIZIANISCHES ROKOKO Sonderform der Rokokoausstattung, wie sie sich unter Friedrich dem Großen herausgebildet hat

GANERBENBURG durch mehrere Miterben gemeinschaftlich genutzte Besitzung

GOTIK europäischer Baustil, in Deutschland 13. bis 16. Jahrhundert

HAUPTGESIMS waagerecht aus der Mauerflucht vorkragendes Bauglied unterhalb des Dachansatzes

HEIMATSTIL Bezeichnung nach einer 1900 einsetzenden Architektursprache, die sich aus dem Bauhandwerk und traditionellen Formen heimatlicher Baukunst nährt

HERRENHAUS dörflicher Wohnsitz eines Gutsbesitzers in Verbindung mit der Wirtschaftsanlage des Gutshofes

HISTORISMUS in der Baukunst des 19. Jahrhunderts praktizierter Rückgriff auf historische Gestaltungselemente von der Romanik bis zum Klassizismus

HUF eim Frühmittelalter übliche Bezeichnung für den Grundbesitz der Einzelfamilie, gemessen an der Gemeindeflur

JUGENDSTIL dekorative Kunstrichtung, in Deutschland ca. 1890 bis 1900

KLASSIZISMUS europäischer Baustil, in Deutschland 1770 bis 1830

Klausur innerer, um den Kreuzgang angelegter Klosterbereich, der ausschließlich den Klosterinsassen vorbehalten ist

Kübbungshaus niedersächsisches Bauernhaus mit Längsdiele und beiderseitigen Kübbungen (Abseiten) zur Aufnahme der Ställe

Loggia kleine, nach einer Seite offene Halle bei ein- oder mehrgeschossigen Außen- oder Hoffassaden

Lünette halbkreisförmiges Bogenfeld oberhalb von Türen und Fenstern

Mezzanin niedriges Zwischen- oder Halbgeschoss

Neues Bauen Bezeichnung einer Architektursprache der 1920er-Jahre, die auf rationelle, kubische Baukörper ausgerichtet ist

Nische Mauervertiefung zur Wandgliederung

Ostelbien einstiges Kolonisationsgebiet bzw. historische Kulturlandschaft östlich der Elbe

Palas Wohnbau einer mittelalterlichen Wehranlage

Parterre ebenerdig liegendes Geschoss bzw. in der französischen Gartenanlage die dem Schloss vorgelagerte Gartenfläche

Pavillon kleine frei stehende Gartenbauten bzw. plastisch stark aus der Fassade heraustretende Gebäudeteile

Polygon vieleckiger Gebäudekörper

Portikus von Säulen und Pfeilern gestützter Vorbau am Haupteingang eines Gebäudes

Renaissance europäischer Baustil, in Deutschland 16. bis 17. Jahrhundert

Revolutionsarchitektur baukünstlerische Strömung des 18. und 19. Jahrhunderts, beruhend auf geometrischen Grundformen und gekennzeichnet durch weitgehenden Verzicht auf antikisierende Elemente

Risalit vorspringender Teil eines symmetrisch angelegten Gebäudes

Ritterschaft Korporation der Grund besitzenden adligen und bürgerlichen Familien

Rokoko höfischer Dekorationsstil der Ausgangsphase des Barock, ca. 1720 bis 1770

Romanik europäischer Baustil, in Deutschland 10. bis 12. Jahrhundert

Rustika Mauerwerk aus grob zugehauenen Werksteinquadern

Schloss repräsentativer Wohnsitz eines Fürsten oder einer vergleichbaren Standesperson, der nicht zugleich Wehrzwecken dient

Stuckatur Stuckdekoration eines Innenraumes

Terrakotta gebrannte, unglasierte Tonware

Tudorgotik in der Baukunst des 19. Jahrhunderts praktizierter Rückgriff auf Gestaltungselemente des spätgotischen englischen Tudorstils

Vestibül Vor- oder Eingangsraum zu einem herrschaftlichen Wohnhaus

Volute spiralförmig aufgerolltes Bauglied zur Vermittlung zwischen horizontalen und vertikalen Baulinien

Vorwerk vom Hauptgut abgetrennte Wirtschaftseinheit

Werkstein steinmetzmäßig bearbeiteter Naturstein

Wüstung aufgelassene, zerstörte Siedlung mit zumeist brachliegenden landwirtschaftlichen Flächen

Zopfstil Übergangsstil vom Rokoko zum Klassizismus

Glossar zusammengestellt nach
Der Neue Brockhaus, Bd. 1–4, Leipzig 1936. Lexikon der Kunst Bd. 1–5, Leipzig 1968. Kadatz, Hans-Joachim, Wörterbuch der Architektur, Leipzig 1980

LITERATUR

Adamiak, Josef. Schlösser und Gärten in Mecklenburg. Leipzig 1975

Baier, Gerd, H. Ende, B. Oltmanns, W. Rechlin. Die Bau- und Kunstdenkmale in der DDR. Bezirk Neubrandenburg. Berlin 1982

Baier, Gerd, H. Ende, B. Oltmanns. Die Bau- und Kunstdenkmale in der DDR. Mecklenburgische Küstenregion. Berlin 1990

Baier, Gerd, H. Ende, B. Dräger, D. Handorf, B. Oltmanns.

Die Bau- und Kunstdenkmale in Mecklenburg-Vorpommern. Vorpommersche Küstenregion. Berlin 1995

Bartel, Berna, A.-M. Fischer, S. Wenzl. Schloss Schwerin. Schwerin o. J.

Barth, Matthias. Mecklenburgische Residenzen. Landesfürstliche Repräsentationsbauten aus sieben Jahrhunderten. Leipzig 1995

Bock, Sabine, Th. Helms, N. Buske. Schlösser und Herrenhäuser auf Rügen. Bremen o. J. (1993)

Bock, Sabine. Gutsanlagen und Herrenhäuser. Betrachtungen zu den historischen Kulturlandschaften Mecklenburg u. Vorpommern. Schwerin 1996

Dehio, Georg. Handbuch der deutschen Kunstdenkmäler. Die Bezirke Neubrandenburg, Rostock, Schwerin. Berlin 1968

Erbentraut, Regina. Schloss Güstrow. Schwerin 1999

Höhnke, Jürgen. Paul Korff - Architekt. Berlin 1995

Holz, Birgid. Parks und Gärten der Schlösser Güstrow, Schwerin und Ludwigslust. Schwerin o.J.

Interessengemeinschaft Bau- und Kunstdenkmale (Hg.) Paul Korffs Wirken für Rostock. Eine Würdigung anläßlich seines 50. Todestages. Rostock 1995

Jacobs, Edgar. Mecklenburgische Herrenhöfe. Sternberg 1937

Kadatz, Hans-Joachim. Wörterbuch der Architektur. Leipzig 1980

Kramer, Heike. Schloss Ludwigslust. Berlin 1993

Krauß, Neidhardt, E. Fischer. Unterwegs zu Burgen, Schlössern und Parkanlagen in Mecklenburg. Rostock 1991

Krauß, Neidhardt, E. Fischer. Unterwegs zu Burgen, Schlössern und Parkanlagen in Vorpommern. Rostock 1991

Lichtnau, Bernfried (Hg.). Architektur in Mecklenburg und Vorpommern 1800-1950. Publikation der kunsthistorischen Tagung Greifswald 1995. Greifswald 1996

Mast, Peter. Mecklenburg-Vorpommern - 1000 Jahre Geschichte eines jungen Landes. München-Berlin 1994

Meinecke, Andreas. Charles Philippe Dieussart (um 1625-96), Architekt, Skulpteur und Theoretiker in Deutschland, Dissertation, 2 Bände . Greifswald 1992

Metzger, Hubert, B. Schattinger. Gärten und Parks in Mecklenburg-Vorpommern. Würzburg 1993

Neumann, Carsten. Schloss Bothmer. Reihe: Der historische Ort, Heft 30. Berlin 1997

Neuschäffer, Hubertus. Mecklenburgs Schlösser und Herrenhäuser. Husum 1990

Neuschäffer, Hubertus. Vorpommerns Schlösser und Herrenhäuser .Husum 1993

Nolden, Dieter. Geschichte und Geheimnisse der Burg Maltzan oder Die unendliche Geschichte einer Ritterburg. Schwerin 1991

Pocher, Dieter. Herrenhäuser und Gutsanlagen des Klassizismus im ehemaligen Großherzogtum Mecklenburg-Schwerin im Zeitraum von 1800 bis 1850. Eine Studie zur Architektur des 19. Jahrhunderts. Dissertation, 2 Bände. Greifswald 1990

Schneider, Rolf. Kleine Geschichte des Landes Mecklenburg-Vorpommern. Berlin 1993

Schwarz, Uwe. Die niederadligen Befestigungen des 13. bis 16. Jahrhunderts im Bezirk Neubrandenburg. Berlin 1987

Skerl, Joachim, Thomas Grundner. Schlösser und Gärten in Mecklenburg-Vorpommern. 2003

Sobotka, Bruno (Hg.). Burgen, Schlösser, Gutshäuser in Mecklenburg-Vorpommern. Stuttgart 1993

Vitense, Otto. Geschichte von Mecklenburg. Gotha 1920

Zobel, Hans-Jürgen (Hg.). Peter Joseph Lenné und die europäische Landschafts- und Gartenkunst im 19. Jahrhundert 6. Greifswalder Romantikkonferenz. Greifswald 1992

SERVICE

Dieses Buch ist ein kulturhistorischer Reiseführer zu den interessantesten und schönsten Schlössern und Herrenhäusern. Es kann sich deshalb nur um eine Auswahl handeln. Denn: Es gibt in Mecklenburg-Vorpommern mehr als 2.000 Burgen, Schlösser, Guts- und Herrenhäuser. Davon stehen ca. 1080 unter Denkmalschutz. Etwa 200 werden touristisch genutzt. Rund 400 Objekte stehen leer und werden über die Gesellschaft für Wirtschaftsförderung vermarktet.

Dieses Buch ist auch kein Hotel- oder Gastronomieführer und kein Museumsführer. Wir haben Ihnen aber auf den nachfolgenden Seiten einige wichtige Informationen als Auswahl zusammengestellt. Darüber hinaus gibt es viele weitere Schlosshotels, Ferienwohnungen, Museen, die Sie über die Tourismusverbände in Erfahrung bringen können.

Die Häuser, für die wir keine eigene Internetadresse angegeben haben, sind häufig trotzdem über Suchmaschinen oder Portale erreichbar. Einige wichtige Adressen finden Sie unter Informationen/Internetportale

ZENTRALE INFORMATIONEN

TOURISMUSVERBAND MECKLENBURG-VORPOMMERN E.V.
Platz der Freundschaft 1 18059 Rostock
Fon 0180 500 02 23 (0,12 Euro/min) www.auf-nach-mv.de
info@auf-nach-mv.de

WWW.M-V.DE

TOUR.BU TOURISTIK & BUCHUNG MECKLENBURG-VORPOMMERN
Platz der Freundschaft 1 18059 Rostock
Fon 0180 500 02 23 (0,12 Euro/min) info@tourbu-mv.de

DB REGIO AG Fon 01805 19 41 95 www.bahn.de

VERBAND MECKLENBURGISCHE OSTSEEBÄDER E.V. Nienhagen
Fon 038203 776 10 www.ostseeferien.de

TOURISMUSVERBAND FISCHLAND-DARSS-ZINGST E.V. Löbnitz
Fon 038324 64 00 www.fischland-darss-zingst.de

TOURISMUSVERBAND RÜGEN E.V. Bergen
Fon 03838 807 70 www.ruegen.de

USEDOM TOURISMUS Ückeritz
Fon 038375 234 10 www.usedom.de

REGIONALER FREMDENVERKEHRSVERBAND VORPOMMERN E.V.
Greifswald Fon 03834 89 10 www.vorpommern.de

TOURISMUSVERBAND MECKLENBURGISCHE SCHWEIZ E.V. Malchin
Fon 03994 29 97 80 www.mecklenburgische-schweiz.com

TOURISMUSVERBAND MECKLENBURG-SCHWERIN E.V. Ludwigslust
Fon 03874 66 69 22 www.mecklenburg-schwerin.de

TOURISMUSVERBAND MECKLENBURGISCHE SEENPLATTE E.V.
Röbel/Müritz Fon 039931 522 25
www.mecklenburgische-seenplatte.de

INFORMATIONEN

Stadtinformation/Fremdenverkehrsverein der Hansestadt Greifswald und Land e.V.

Fon 03834 52 13 80 www.greifswald.de
Sehenswert: Dom St. Nikolai, Marienkirche, Klosterruine Eldena. Greifswald wurde 1248 erstmals erwähnt und gehörte Ende des 13. Jahrhunderts der Hanse an

Güstrow-Information

Fon 03843 68 10 23 www.guestroew.tourismus.de

Sehenswert: Schloss, Dom, Pfarrkirche und Barlach-Gedenkstätten. Güstrow ist einer der Höhepunkte des Landes Mecklenburg-Vorpommern. Die Stadt wurde von Fürst Heinrich Borwin II. Anfang des 13. Jahrhunderts gegründet. Güstrow wurde Residenzstadt und damit wirtschaftlich erfolgreich. Das historische Stadtbild blieb weitgehend erhalten. Sehenswert sind die Häuser um den Markt, die Gleviner Straße und die Mühlenstraße. Das Stadtmuseum hat seinen Platz direkt neben dem Schloss und auch das Theater, das nach Plänen von Georg Adolph Demmler erbaut wurde, liegt direkt gegenüber. Die Gertrudenkapelle und das Atelierhaus am Heidberg zeugen von Barlachs Anwesenheit in Güstrow wie das Güstrower Ehrenmal im Dom, „Der Schwebende" von Ernst Barlach

Neubrandenburg-Information/Veranstaltungszentrum Neubrandenburg GmbH

Fon 0395 194 33 www.neubrandenburg.de www.vznb.de
Sehenswert: St. Marien, Wiekhäuser, Stadttore.
Neubrandenburg, am Tollensee gelegen, ist die drittgrößte Stadt in Mecklenburg-Vorpommern. Die Gründungsurkunde datiert vom 4. Januar 1248. Im Zuge der Erschließung des Landes Stargard wurde im Auftrag des Markgrafen Johann I. von Brandenburg durch seinen getreuen Ritter Herbord von Raven die Stadt angelegt. Die bewegte Geschichte der Stadt wird dokumentiert durch viele steinerne Zeugen: die fast vollständig erhaltene Wall- und Wehranlage, ein Meisterstück gotischer Baukunst. Tipp: ein Rundgang innen vermittelt die Position der Stadtverteidiger, ein Rundgang außen auf der heute bewachsenen Wallanlage die der Angreifer. Das Friedländer Tor, die älteste Toranlage, mit einem 8 Meter hohen Zingel, der mit dem Vortor verbunden war. Das Stargarder Tor, das Neue Tor, das Treptower Tor sind weitere sehenswerte Anlagen der Stadtbefestigung. Auch die Wieckhäuser, der 25 Meter hohe Fangelturm (noch bis in das 19. Jahrhundert Nutzung als Gefängnis) sind neben den besichtigenswerten Kirchen bedeutsam: Das größte und wichtigste Baudenkmal ist die Marienkirche, eine dreischiffige Hallenkirche mit einem monumentalen Ostgiebel – beeindruckende norddeutsche Backsteingotik. Weiter sehenswert: Die Johanniskirche, das Franziskanerkloster und das Schauspielhaus, Mecklenburgs ältestes erhaltenes Theatergebäude

STADT DER VIER TORE – ENTDECKEN, ERLEBEN UND ERHOLEN

:ingebettet in satte mecklenburgische Wiesen ınd Felder liegt am Ufer des Tollensesees, nmitten der Mecklenburgischen Seenplatte, **IEUBRANDENBURG** – Ort kontrastreicher 'ielfalt.

Mit uns haben Sie immer gute Karten!

TICKET-SERVICE NB

Wir sind im Herzen der Stadt, in der Stargarder Str. 17, Ihr Partner für Tickets und mehr.

KONZERTKIRCHE NEUBRANDENBURG • JAHNSPORTFORUM Stadthalle • Haus der Kultur und Bildung

- Ticketverkauf regionaler und überregionaler Veranstaltungen
- Veranstaltungsinformationen, Veranstaltungskalender u. a.
- Festspiele in Mecklenburg-Vorpommern
- Openair-Tickets, Gutscheine

ıckets und Beratung bei einem Besuch im TICKET-SERVICE, per Mail, Fax der Telefon! Direkt oder per Post erhalten Sie Ihre gewünschten Tickets!

Wir sind für Sie da:

Okt. - April Mo. - Fr. 10:00 - 18:00 Uhr; Sa. 10:00 - 16:00 Uhr
Mai - Sept. Mo. - Fr. 10:00 - 19:00 Uhr; Sa. 10:00 - 18:00 Uhr

Sonderöffnungszeiten

TICKET-SERVICE und STADT INFO zum VIER-TORE-FEST:
Sa., 28.08.2004 10:00 Uhr - 19:00 Uhr
So., 29.08.2004 13:00 Uhr - 18:00 Uhr
Tel.: (0395) 5 59 51 27
E-Mail: ticket-service@vznb.de

STADT-INFO Neubrandenburg

uchen Sie Ihr persönliches Erlebnis- und Reiseangebot in eubrandenburg. Wir beraten Sie gern!

Stargarder Str. 17 · 17033 Neubrandenburg
Fon 0395-1 94 33 · 0395-5 66 76 60 · Fax 0395-5 66 76 61
nb-info@vznb.de · www.neubrandenburg.de · www.vznb.de

Stadt- und Erlebnisführungen, Reisebegleitungen • Stadtinformationen und eratung • Neubrandenburg-Publikationen • Stadtpläne, Wanderkalender, adwanderkarten • Souvenirverkauf, Ansichtskarten, Vermittlung von Pauschal-ngeboten, Unterkünften, gastronomischen Leistungen, Sport- und Freizeit-ngeboten • Ticketservice

LIEPS VERLAG + MARKETING GmbH

Tourist-Information Rostock

Fon 0381 381 22 22 www.rostock.de

Sehenswert: Marienkirche, Rathaus, Universitätsplatz.

Das Rostocker Rathaus ist eines der ältesten Gebäude auf dem Neuen Markt. Es entstand als schlichtes Doppelgiebelhaus ab 1270. Im Laufe der Jahrhunderte wurde das Rathaus immer wieder erweitert und noch im Mittelalter mit einer gotischen Schauwand versehen. Anfang des 18. Jahrhunderts entstanden der barocke Vorbau und im Innern ein Festsaal. In neuem Gewand lädt auch der Rostocker Ratskeller unter mittelalterlichem Gewölben wieder ein. Im Vordergrund der Möwenbrunnen. Fischkutter und Segelschiffe bestimmen die Szene. Die ursprüngliche Rostocker Hafeneinfahrt ist heute Fischerei- und Seglerhafen in einem. Sie wird von der ältesten Warnemünder Straße, der Vörreeg gesäumt, die heute Am Strom heißt

Tourismuszentrale Rügen

Fon 03838 807 70 www.ruegen.de

Sehenswert: Kreideküste, Circus und Schlosspark in Putbus, St. Marien und Ernst-Moritz-Arndt-Turm in Bergen, Kreidefelsen und Stubbenkammer, Vitt ind Kap Arkona, Dorf- und Stadtkirchen auf Rügen und – natürlich – die Bäderarchitektur.

Unter dem Begriff Bäderarchitektur wird allgemein die Baukunst in den Seebädern verstanden, die sich an der Ostseeküste im 19. Jahrhundert bis zum Ausbruch des Ersten Weltkrieges durchgesetzt hat. Es handelt sich dabei um Bauten, die durch das gesamte Badeleben an der Küste entstanden sind, also nicht nur um repräsentative Unterkünfte, sondern auch um Kurhäuser, Seebrücken und Musikpavillons und vor allem auch um Badeanstalten, denn zu dieser Zeit badete niemand im offenen Meer. Verbindendes Merkmal der Bäderarchitektur waren die in großer Ornamentierfreude gestalteten Loggien, Balkone und Veranden. Oft wurden ganze Ortsteile neu erbaut, da die ursprünglichen Dörfer nicht direkt am Meer lagen und die sog. Sommerfrischler gern in der

Von Schlössern,
Herren und Häusern
Rügen
Zeit für uns

Nähe des Wassers sein wollten. Rügener Orte mit markanter Bäderarchitektur: Hafenstadt Sassnitz, Residenzstadt Putbus und Ostseebäder Binz, Sellin, Baabe, Göhren, Thiessow. Tipp für Architekturfreunde: Jährlich im September in Binz findet der Monat der Bäderarchitektur statt

Schwerin-Stadtinformation

Fon 0385 592 52 12   www.schwerin-tourist.de
Sehenswert: Schloss- und Burggarten, Schloss, Staatstheater, Dom, Staatliches Museum.
In diesen Jahren bereitet sich Schwerin auf die Bundesgartenschau 2009 vor (Motto: „Eine ganze Stadt wird Bundesgartenschau")

Tourismuszentrale der Hansestadt Stralsund

Fon 03831 246 90   www.stralsund.de
Sehenswert: St. Nikolai, St. Marien, Rathaus, Katharinenkloster. Stralsund wurde gemeinsam mit Wismar 2002 in die Welterbeliste der UNESCO aufgenommen. Auch in Stralsund wurde Mitte des 12. Jahrhunderts zur Bewältigung der großen Bauaufgaben die oberitalienische Backsteintechnik eingeführt. Das Stralsunder Dominikanerkloster St. Katharinen gehört heute zu den größten seiner Art im Ostseeküstengebiet. Das Franziskanerkloster St. Johannis ist ein Komplex aus dem 13.-15.Jahrhundert. Diese Klosteranlage verfügt über wertvolle mittelalterliche Gewölbe- und Wandmalereien. Tipp: Die traditionsreiche Weiße Flotte mit der Altefähr, der Warnow, der Breitling und anderen Fahrgastschiffen und Autofähren macht das Reisen um Hiddensee, Rügen, Stralsund und Darß zum Vergnügen
Fon 03831 26 81 16   www.weisse-flotte.com
www.reederei-hiddensee.de   www.weisse-flotte-oderland.de

Tourist-Information Wismar

Fon 03841 251 30 25 www.wismar.de

Sehenswert: Fürstenhof, Nikolaikirche, Marktplatz.

St. Nikolai, St. Marien, St. Georgen – das sind die imposanten spätgotischen Gotteshäuser, die heute Wismar entscheidend prägen. Ein Kleinod ist die Heiligen-Geist-Kirche mit ihrem schlichten Äußeren und herrlichen Innenraum. An die Schwedenzeit erinnert ein Besuch im „Alten Schweden" am Markt, einem der ältesten Bürgerhäuser (um 1380). Ein Besuch des Stadtgeschichtlichen Museums „Schabbelhaus" ist gleichzeitig ein Rundgang durch den bedeutendsten bürgerlichen Renaissancebau Mecklenburgs. 1229 wurde Wismar erstmalig urkundlich erwähnt. 1380 taucht der Name Klaus Störtebeker in einem städtischen Gerichtsbuch auf. 1803 geht Wismar per Pfandvertrag für 100 Jahre an das Großherzogtum Mecklenburg zurück. 1903 verzichtet das Königreich Schweden auf die Einlösung des Pfandes. 1945 wird das so genannte Gotische Viertel zerstört. 1960 wird die durch den Krieg beschädigte Marienkirche gesprengt, bis auf den Turm. 1990 beginnt der Wiederaufbau der St.-Georgen-Kirche. 2002 wird Wismar (und Stralsund) in die Welterbeliste der UNESCO aufgenommen

Ludwigslust-Information

Fon 03831 246 90 www.stadtludwigslust.de

Sehenswert: Schloss, Schlosspark, Stadtkirche.

Besonders sehenswert sind das Schloss, die Stadtkirche und der Schlosspark. 1731-35 erbaute Christian Ludwig der II. von Mecklenburg-Schwerin bei Klenow ein schlichtes Jagdschloss. er nannte es „Ludwigs Lust". Sein Sohn Friedrich träumte aber von einem „mecklenburgischen Versailles". Das dreieinhalbgeschossige Residenzschloss entstand 1772-76 an der Stelle des Jagdschlosses auf einem E-förmigen Grundriss. Das Schloss ist der bedeutendste barocke Schlossbau in Mecklenburg-Vorpommern. Die turmlose Stadtkirche 1765-70 von Busch entworfen, ist durch eine imposant wirkende hölzerne Tonnendecke und das Fresko „Verkündigung der Geburt Christi an die Hirten" gekennzeichnet

Internetportale

www.gutshaeuser.de
www.all-in-all.com
www.burgenperlen.de
www.kupoweb.de
www.museum-schwerin.de (für Schwerin, Ludwigslust, Güstrow)

Landesamt für Denkmalpflege Domhof 4/5
19055 Schwerin Fon 0385 521 40 www.gfw-mv.de

Gesellschaft für Wirtschaftsförderung Mecklenburg-Vorpommern

Schlossgartenallee 15 19061 Schwerin Fon 0385 59 22 50
Ein Schloss kaufen? Hier ist es kein Problem!

Radwege

Es gibt sehr schöne ausgearbeitete Rundwege. Organisierte individuelle Touren bieten z.B. **Mecklenburger Radtour** Zunftstr. 4, 18437 Stralsund Fon 03831 28 02 20
www.mecklenburgerradtour.de oder **Schwerin Plus**
Fon 0385 558 02 11 www.urlaubsservice-mv.de

Schlösserrundreisen

Der **Touristik-Service Schwerin Plus** bietet verschiedene Möglichkeiten, die Schlösser Mecklenburgs kennenzulernen. Jährlich gibt es dazu eine neue Broschüre. Angebote: Schlösserrundreisen per Fahrrad inkl. Gepäcktransfer und Übernachtungen in Schlosshotels. Urlaub in Schlosshotels, Gruppen-, Vereins- und Betriebsfahrten sowie die Organisation von Tagungen und Kongressen.
Fon 0385 558 02 11 www.urlaubsservice-mv.de

Staatliche Schlösser und Gärten in Mecklenburg-Vorpommern

Betrieb für Bau- und Liegenschaften M-V
Verwaltung der Staatlichen Schlösser und Gärten Werderstraße 4
19055 Schwerin Fon 0385 50 90
Zuständig für Neustrelitz, Hohenzieritz, Granitz, Mirow, Wiligrad, Güstrow, Schwerin, Ludwigslust, also für die landeseigenen Schlösser und Gärten mit Ausnahme des Schweriner Schlosses (Landtagsverwaltung Fon 0385 52 50)

Stiftung Herrenhäuser und Gutsanlagen in Mecklenburg-Vorpommern

Durch das große Engagement eines Stifters ist es im Oktober 2003 gelungen, eine Treuhandstiftung für die Herrenhäuser und Gutsanlagen in Mecklenburg-Vorpommern ins Leben zu rufen. Die Motivation des Stifters gilt vor allem der Erhaltung der für Mecklenburg-Vorpommern typischen Gutsanlagen und ihrem historischen, baulichen und landschaftlichen Umfeld. Die Stiftung wird von der Deutschen Stiftung Denkmalschutz treuhänderisch verwaltet.

Deutsche Stiftung Denkmalschutz Stiftungszentrum
Koblenzer Straße 75 53177 Bonn Fon 0228 39 06 39 80
Konto: DSD Stiftung Herrenhäuser und Gutsanlagen in Mecklenburg-Vorpommern Dresdner Bank AG Konto 2 616 130 03
BLZ 370 800 40
Bitte bei Überweisung die eigene Adresse angeben, damit eine Zuwendungsbescheinigung zur Vorlage beim Finanzamt übersandt werden kann

Veranstaltungen/Festivals

Kartenservice Festspiele Mecklenburg-Vorpommern
Fon 0385 591 85 85 www.festspiele-mv.de
Störtebeker-Festspiele
Fon 03838 311 00 www.stoertebeker.de

Tipp: Fernost in Mecklenburg-Vorpommern

Fon 03996 17 22 42
Wer sich für fernöstliche Kunst – Tuschmalereien, Rollbilder, Puppen, Kimonos, Porzellan, Keramik – interessiert, sollte einen Besuch auf Schloss Mitsuko nicht versäumen. So lautet seit 2001 die Bezeichnung für das frühere Herrenhaus von Todendorf, einem 700 Jahre alten Ort, der etwas abseits der B108 zwischen Rostock und Teterow gelegen ist. Der sorgsam restaurierte, spätklassizistische Bau versteht sich als deutsch-japanisches Kuzlturzentrum. Dazu dient auch ein japanischer Hain, eine Gartenanlage mit typisch japanischen Elementen wie etwa auch einem Teehaus

Das Hotel Schloss Passow direkt am Passower See
ist eine der sehr seltenen Schloßanlagen im Stile
des Palladianismus, nach Goethe
...die schöne Harmonie ihrer Dimension...
Der Festsaal, ein Restaurant mit Seeblick sowie
r luxeriöse Suiten und 21 Komfortzimmer sind ideal
r entspannenden Urlaub und erfolgreiche Tagungen
ochzeitstagsreise zum Nichtvergessen
2x Übernachtung in der Hochzeitssuite incl. Frühstück
Blumenarrangement und Früchtekorb auf dem Zimmer
5-Gang Candle-Light-Dinner incl. Menügetränke
2x Kaminfeuer in der Suite, 1 Flasche Champagner
3-Gang-Menü am 2. Abend
Gesamtpreis in der Hochzeitssuite 299 Euro
Hotel
Schloß Passow
Ein klassizistischer Traum
Traumhochzeit auf Schloß Passow
nit Trauung in der Dorfkirche,
Kutschfahrt zum Schloß,
glanzvoller Feier, Feuerwerk und
Hochzeitsnacht in der fürstlichen Hochzeitssuite
Unser Highlight
Hotel Schloß Passow · Am Schloß 67 · 19386 Passow
Telefon 038731/3650 · Fax -36519
e-mail: Schloss passow@aol.com

Urlaub in Schlössern und Herrenhäusern
Hotels und Ferienwohnungen in Mecklenburg-Vorpommern
Schloß und Park Kaarz
Schloßhotel Ralswiek
Schloßhotel & Orangerie Klink
Park-Hotel Schloß Schlemmin
• Rundreisen von Schloss zu Schloss individuell kombinierbar
• Fahrradreisen mit Gepäcktransfer
• Gruppen-, Vereins- und Betriebsfahrten
Fordern Sie bitte unseren Prospekt an unter:
„SCHWERIN PLUS" · Touristik-Service GmbH
19055 Schwerin · Körnerstraße 22
Telefon (0385) 55 80 20 · Telefax (0385) 5 58 02 11
World of TUI
ristik-Service-MV@T-Online.de · www.urlaubsservice-mv.de

MUSEEN

WWW.MVWEB.DE/MUSEEN
WWW.MUSEUMSVERBAND-MV.DE

AGRARHISTORISCHES MUSEUM ALT SCHWERIN 17214 Alt Schwerin
Fon 039932 99 18
HEINRICH SCHLIEMANN-MUSEUM Lindenallee 1 17219 Ankershagen
Fon 039921 32 52 www.schliemann-museum.de
MUSEUM IM STEINTOR Schulstraße 1 17389 Anklam
Fon 03971 24 55 03 www.museum-im-steintor.de
OTTO-LILIENTHAL-MUSEUM ANKLAM Ellbogenstraße 1
17389 Anklam Fon 03971 24 55 00 www.lilienthal-museum.de
Leben und Werk des Flugpioniers Otto Lilienthal, dem berühmten Sohn der Stadt. Neben interessanten Modellen und originalgetreuen Nachbauten gibt es einen Experimentalbereich, in dem die Besucher das Phänomen Fliegen in Selbsterfahrungsexperimenten erleben können
STADTMUSEUM MÖCKELHAUS Beethovenstraße 8
18209 Bad Doberan Fon 038203 620 26
www.stadtmuseum.moeckelhaus.de
JAGDSCHLOSS GRANITZ 18609 Binz Fon 038393 2263
Das Jagdschloss Granitz wird heute offiziell als Jagdmuseum geführt und besitzt eine in Europa einmalige Sammlung. Ein Besuch des Schlosses wird unbedingt empfohlen. Die Besteigung des Turms ist schon wegen des überwältigenden Ausblicks Teil des Pflichtprogramms
HANS-FALLADA-HAUS Zum Bohnenwerder 2 17258 Carwitz
www.fallada.de
POMMERSCHES LANDESMUSEUM Theodor-Pyl-Straße 1
17489 Greifswald Fon 03834 831 20
www.pommersches-landesmuseum.de
Klassisch bis modern – ein neues Museum im Ostseeraum: Weithin leuchtende klassizistische Gebäude, ein mittelalterlicher Backsteinbau und eine lichtdurchflutete Glas- und Stahlkonstruktion, das ist das großzügige bauliche Ensemble, in dem sich das Pommersche Landesmuseum in Greifswald auf dem Gelände des ehemaligen Franziskanerklosters befindet. In unmittelbarer Nähe des historischen Marktes der Universitäts- und Hansestadt Greifswald und

ihrer Wallanlagen fand ein Teil der schönsten musealen Objekte Pommerns eine würdige Umgebung. Von der Altsteinzeit bis in die jüngste Vergangenheit kann der Besucher einen abwechslungsreichen und spannenden Rundgang durch die Geschichte Pommerns und seiner Bewohner erleben. Café und Museumsshop mit Kinderspielzeug, Designerschmuck, Bücher u.a. Das Pommersche Landesmuseum verdankt seine Entstehung dem Zusammenwirken vieler Partner im In- und Ausland. Die Stiftung Pommersches Landesmuseum wurde 1996 gegründet. Ihr gehören neben der Bundesrepublik Deutschland die Länder Schleswig-Holstein und Mecklenburg-Vorpommern, die Hansestadt Greifswald, die Ernst-Moritz-Arndt-Universität Greifswald, die Wojewodschaft Westpommern und weitere Partner an. Anhaltend hohe Besucherzahlen, beeindruckende Räumlichkeiten, Dauer- und Sonderausstellungen, Exkursionen, Filme, Vorträge, Konzerte, Museumsfest und Kunsthandwerkermarkt kennzeichnen dieses neue Museum mit Tagungszentrum

Ernst-Barlach-Stiftung, Atelierhaus und Gertrudenkapelle
Am Heidberg 15   18273 Güstrow   Fon 03843 822 99
www.ernst-barlach-stiftung.de
Die Ernst Barlach Stiftung wurde in das „Blaubuch" der Bundesregierung als ein „Kultureller Gedächtnisort" mit besonderer nationaler Bedeutung aufgenommen

Museum der Stadt Güstrow   Franz-Parr-Platz 10   18273 Güstrow
Fon 03843 68 11 44   www.guestrow.de
Kultur- und Lebensweise der Güstrower Bürger vom Mittelalter an. Kuriosität: Kollektion von Theaterzetteln von 1741 bis zur Gegenwart. Ausstellungsschwerpunkt ist die Dauerausstellung der Stadt als Residenz der Herzöge von Mecklenburg-Güstrow und der Themenkomplex der klassizistischen Bürgerstadt Güstrow

Staatliches Museum Schwerin Schloss Güstrow
Franz-Parr-Platz 1 18273 Güstrow Fon 03843 75 20
www.museum-guestrow.de
Neben den historischen Festräumen des Schlosses ist im Museum des Schlosses Kunst der Antike, dem Mittelalter und der Renaissance zu sehen. Glas von der Antike bis zur Moderne, Jagd- und Prunkwaffen sowie Münzen

Museum der Stadt Hagenow Lange Straße 79 19230 Hagenow
Fon 03883 72 20 42 www.hagenow.de

Staatliches Museum Schwerin Schloss Ludwigslust
Schlossfreiheit 19288 Ludwigslust Fon 0387 571 90
www.museum-ludwigslust.de
„Kleines Fest im Großen Park" im Spätsommer, Barockfest im Frühjahr

Schloss Wiligrad 19069 Lübstorf Fon 03867 88 01
Kunstverein betreut das Haus und lädt regelmäßig zu Ausstellungen, Konzerten, Seminaren

Museum der Stadt Neustrelitz Schlossstr. 3 17235 Neustrelitz
Fon 03981 20 58 74 www.neustrelitz.de
Die Schlossstrasse verbindet den Markt mit dem ehemaligen Schlossgarten. Das Haus zeigt drei Originalplastiken von Daniel Christian Rauch. Daneben finden sich eine Sammlung wertvoller Porzellane, Zeugnisse bäuerlicher und städtischer Kultur sowie Waffen und Dokumente aus dem Befreiungskrieg 1813/14

Historisches Uhren- und Musikgeräte-Museum
Alleestraße 13 18581 Putbus Fon 038301 609 88
www.uhrenmuseum-putbus.de
Feinmechanische Wunderwerke
Tipp: Das Rügener Puppen- und Spielzeugmuseum befindet sich im Affenhaus im Schlosspark Putbus (Parkseite an der Kastanienallee), Fon 038301 609 59

Archäologisches Freilichtmuseum Gross Raden
Kastanienallee 19406 Groß Raden Fon 03847 22 52
www.archaeologie-mv.de
Slawischer Tempelort aus dem 9. und 10. Jahrhundert, wurde in weiten Teilen rekonstruiert. Neben dem Burgwall mit Palisade und dem Tempelgebäude wird in zehn Häusern Handwerk und Alltagsleben der Slawen gezeigt. Sammlung archäologischer Funde zur Geschichte und Kultur der slawischen Stämme in Mecklenburg

BERNSTEINMUSEUM RIBNITZ-DAMGARTEN Im Kloster 1-2
18311 Ribnitz-Damgarten Fon 03821 29 31
Tipp: Zwischen Gelbensande und Ribnitz-Damgarten befindet sich das Freilichtmuseum Klockenhagen: Mehrere Gebäude, die aus unterschiedlichen Gegenden Mecklenburgs hierhin versetzt. Arbeits-, Wohn- und Lebensweise der Landbevölkerung

SCHIFFFAHRTSMUSEUM August-Bebel-Straße 1 18055 Rostock
Fon 0381 25 20 60

STAATLICHES MUSEUM SCHWERIN SCHLOSSMUSEUM SCHWERIN
Lenneéstraße 1 19055 Schwerin Fon 0385 525 29 20
www.museum-schwerin.de

MECKLENBURGISCHES VOLKSKUNDEMUSEUM, FREILICHTMUSEUM SCHWERIN-MUESS
Alte Crivitzer Landstraße 13 19063 Schwerin-Mueß
Fon 0385 208410 Jahresprogramm unter www.schwerin.de

Noch heute bezieht die Stadt Schwerin ihren besonderen Reiz aus ihrer bedeutungsvollen Geschichte als Residenzstadt. Als Pendant zur herrschaftlichen Geschichte befindet sich in dem ehemaligen Dominaldorf Mueß das Freilichtmuseum, das mit zahlreichen Gebäuden das Leben und die Arbeit der ländlichen Bevölkerung im 18. bis 20. Jahrhundert reflektiert. Mehrere Bauernhäuser, eine Bündnerei, eine Schmiede, ein Hirtenkaten, ein Spritzenhaus und eine alte Dorfschule mit einem Dorfschullehrergarten ANNO 1880 machen aus diesem Museumsbesuch ein echtes Erlebnis. Die historisch gewachsene Dorfanlage blieb nahezu unverändert. Musikveranstaltungen, Seminare zur Gartengestaltung oder Lehmofenbau u.a., Veranstaltungen

Fritz-Reuter-Literaturmuseum Markt 1 17153 Stavenhagen
Fon 039954 210 72 www.fritz-reuter-literaturmuseum.de
Stavenhagen trägt stolz seinen Titel: Reuterstadt. Erinnert wird damit an den großen Mecklenburger Schriftsteller Fritz Reuter (1810-1874). Das Fritz-Reuter-Literaturmuseum ist im Elternhaus des niederdeutschen Dichters untergebracht und bewahrt eine umfangreiche Sammlung Reuterscher Handschriften und Dokumente

Kulturhistorisches Museum Stralsund Mönchstraße 25-27
18439 Stralsund Fon 0381 287 90
Im ehemaligen Katharienkloster in der historischen Altstadt

Thünen-Museum Tellow 17168 Tellow Fon 039976 54 10
www.thuenen-museum-tellow.m-vp.d
Im Gutshof wird über das Leben und Werk des Agrarreformers Johann Heinrich von Thünen informiert und die regionale Geschichte am Beispiel Tellow dargestellt. Landwirtschaftliche Exponate auf dem Freigelände und in den Gebäuden. Aktionstage: Schaupflügen, Mühlstein-Schärfen, Waffeln backen oder Ziegenkäse per Hand formen

Stadtgeschichtliches Museum „Schabbelhaus" Schweinsbrücke 8
23966 Wismar Fon 03841 28 23 50
Im „Schabbelhaus", ein aus dem 16. Jahrhundert stammendes Brau- und Wohnhaus. Der Backsteinbau im Stil der niederländischen Renaissance liegt im Schatten der mächtigen Nikolaikirche. Stadtgeschichte, mittelalterliche Kunst und Wechselausstellungen

ÜBERNACHTEN IN SCHLÖSSERN UND HERRENHÄUSERN

Der Tourismusverband Mecklenburg-Vorpommern legt kontinuierlich eine schöne und informative Broschüre zu Schlössern und Herrenhäusern mit Übernachtungsmöglichkeiten auf,
Fon 0381 40 30 500

ROMANTIKHOTEL FRIEDRICH-FRANZ-PALAIS 18209 Bad Doberan-Heiligendamm Fon 038203 63036 www.friedrich-franz-palais.de
1793 als Gästehaus von Herzog Friedrich Franz erbaut
HOTEL SCHLOSS BASTHORST 19412 Basthorst
Fon 03863 52 50 www.schloss-basthorst.de
GUTSHOF GROSS BEHNKENHAGEN 18510 Behnkendorf
Fon 038328 610 www.gutshof-behnkenhagen.de
JAGDSCHLOSS BELLIN 18292 Bellin (bei Güstrow)
Fon 038458 32 20 www.jagdschloss-bellin.de
LANDHOTEL RITTERGUT BÖMITZ (Vorpommern)
Fon 039724 225 40 www.landhotel-boemitz.de
Gutshaus mit klassizistischem Mittelteil, 1750 von H.C. von Hertell als Rittergut erbaut
LANDHOTEL HERRENHAUS BOHLENDORF 18556 Bohlendorf/Wieck (Rügen) Fon 038391 770 www.kreidefelsen.de
HOTEL GUT DALWITZ Lucy Gräfin v. Bassewitz Dorfstr. 44
17179 Dalwitz Fon 039972 561 40 www.gutdalwitz.de
Im renovierten Gutshaus nach Gutsherrenart übernachten, im Verwalterhaus von 1855 werden Ferienwohnungen angeboten. Von anderen Gutshotels unterscheidet sich die Anlage in Dalwitz besonders dadurch, dass es tatsächlich Teil eines Gutes ist: die Feriengäste teilen sich das Gut unter anderem mit über 1000 Rindern. Reiterferien – auch für die ganze Familie. Im Hofrestaurant „La Remise" (nur Sommermonate geöffnet) ländliche Küche mit französischen Flair, auch für Ausflügler
LANDHOTEL SCHLOSS DASCHOW Schlossstrasse 5 19386 Daschow
Fon 038732 50 00 www.schlossdaschow.de
Mit großem englischen Landschaftspark und eigenem kleinen See mit Bootssteg
SCHLOSSHOTEL LÜTGENHOF Ulmenweg 10 23942 Dassow
Fon 038826 8250 www.schloss-luetgenhof.m-v.de

Hier war die Welt bis 1990 fast zu Ende – die östliche und westliche. Der Justizrat Moritz Christian Paepcke erwirbt 1816 das Lehnsgut Lütgenhof und 1839 errichten die Edlen von Paepcke das Herrenhaus als einfachen und kastenförmigen Bau. 1890 wird das Haus grundlegend renoviert und der Umbau des Herrenhauses zum klassizistischen Schloss vollzogen. Nach dem zweiten Weltkrieg wurden die Eigentümer enteignet, das Schloss wurde Flüchtlingsunterkunft bis 1947 die Landwirtschaftliche Fachschule dort einzog. 1961 wurde aus dem Haus eine Grenzkaserne. Nach dem Mauerfall wurde das Schloss umfassend renoviert und präsentiert sich heute als klassizistische Sehenswürdigkeit „Zwischen Schilf und Kastanien im Ostseewind"

HOTEL SCHLOSS FRAUENMARK 19374 Frauenmark (zwischen Parchim und Schwerin) Fon 038723 801 71 www.schloss-frauenmark.de

1860 im Stil des Spätklassizismus erbaut. Zwischen Parchim und Schwerin in absolut ruhiger Lage. Individuelle Zimmer mit Stilmöbeln, Tee-Salon, Bibliothek, Festsaal, Restaurant, Shop mit edlem Wohndekor. Spezialität des Hauses: Tee-Kultur

RADISSON SAS RESORT SCHLOSS FLEESENSEE 17213 Göhren-Lebbin Fon 039932 801 00 www.radissonsas.com

Zum Land Fleesensee gehören auch Deutschlands erster Robinson Club, das Dorfhotel, das Fleesensee Spa und der Golf & Country Club Fleesensee www.fleesensee.de

GUTSHOTEL GROSS BREESEN 18276 Groß Breesen Fon 038458 5 00 www.gutshotel.de

HOTEL SCHLOSS GROSS PLASTEN Parkallee 36 17192 Groß Plasten Fon 039934 80 20 www.schloss-gross-plasten/m-vp.de

Auch Groß Plasten ist längst kein Geheimtipp mehr: seit seiner Eröffnung 1995 ist es mittlerweile zu einem der beliebtesten und bekanntesten Schlosshotels geworden. Schöne Lage direkt am See und in der Nähe zum Müritz Nationalpark. Schwimmbad und zwei Restaurants

Schloss Gültz 17089 Gültz (Vorpommern)
Fon 03965 21 10 03

Kurhaus am Inselsee 18273 Güstrow
Fon 03843 8500 www.kurhaus-guestrow.de
Das Kurhaus ist kein Schloss, aber für Güstrow-Reisende ist dieses Haus besonders zu empfehlen. Die einmalig ruhige Lage am Rande der Stadt, die Zimmer und Suiten (fragen Sie nach der Wellness-Suite), die Küche, die Garterrasse und Bar und der Wellness-Bereich machen den Aufenthalt direkt am Inselsee zu einem erholsamen Vergnügen. Tagungen, Hochzeiten, Feste

Kempinski Grand Hotel Heiligendamm 18209 Heiligendamm
Fon 038203 74 00 www.kempinski-heiligendamm.de
In Deutschlands ältestem Seebad erstrahlt die Pracht dieses historischen Gebäudeensembles jetzt wieder in neuem Glanz. Schon Königin Luise von Preußen, Lord Nelson und der europäische Hochadel atmeten diese Naturlandschaft

Schlosspark-Hotel Hohendorf 18445 Hohendorf (Vorpommern)
Fon 038323 25 00 www.schlosshotel-mv.de
Erbaut in der 2. Hälfte des 18. Jahrhunderts, zwischen Darß und Rügen

Schlosshotel Burg Schlitz 17166 Hohen Demzin
Fon 03996 127 00 www.burg-schlitz.de
Die größte klassizistische Schlossanlage Mecklenburg-Vorpommerns. Hans Graf von Schlitz ließ das geschichtsträchtige Schloss in den Jahren 1806 bis 1823 von Friedrich Adam Leiblin erbauen. 180 ha großer Landschaftspark mit 36 Denkmälern, altem Baumbestand. Heute sicher eines der luxuriösesten Hotels des Landes

Gut Hohen Luckow 18239 Hohen Luckow
Fon 038295 76 50 www.guthohenluckow.de

Hotel Schloss Kaarz Obere Dorfstraße 6 19412 Kaarz
Fon 038483 30 80 www.schloss-kaarz.m-vp.de

Hotel Schloss Kittendorf 17153 Kittendorf
Fon 039955 500 www.schloss-kittendorf.de
Entstand 1848 bis 1853 nach Plänen des Schinkel-Schülers Friedrich Hitzig. Repräsentativer Adelsbau. Terrassen leiten über zu dem von Peter Joseph Lenné entworfenen Landschaftspark

Gutshaus Klein Dammerow 19395 Klein Dammerow
Fon 038733 204 80

Hotel Schloss Klink 17192 Klink
Fon 03991 74 70 www.schlosshotel-klink.de
Schloss befindet sich direkt an der Müritz, Bauweise den französischen Loire-Schlössern nachempfunden, zusätzlich neuer Hotelbau neben dem Schloss

Schlosshotel und Restaurant Krugsdorf Zerrenthiner Straße 2
17309 Krugsdorf Fon 039743 502 37

Schlosshotel Leizen 17209 Leizen Fon 039922 80 70
1898 im Gründerstil erbaut, umgeben von einem 300 Jahre alten Baumbestand

Schloss Lühburg Dorfstr. 11 17179 Lühburg
Fon 039972 59 11 10 www.all-in-all.com
Nach französischem Vorbild 1725-1730 als Dreiflügelanlage gebaut

Hotel Gutshaus Ludorf Röbeler Straße 34 17207 Ludorf
Fon 039931 84 00 www.gutshaus-ludorf.de
Am Westufer der Müritz, einer der bedeutendsten Bauten der zweiten Hälfte des 17. Jahrhunderts

Gutshaus Schloss Wendorf Schloßstr. 3 17219 Möllenhagen-Wendorf Fon 039921 32 60 www.schloss-wendorf.de
Ehemaliges Gutshaus im Tudorstil aus dem 19. Jahrhundert. Ein gemeinnütziger Verein führt das Haus

Schloss Neetzow 17391 Neetzow (zwischen Anklam und Jarmen)
Fon 039721 5660 www.schloss-neetzow.de
1855 bis 1860 im Stil englischer Landsitze von Friedrich Hitzig erbaut. Gelber Klinkerbaustein. Ab 2004 nach umfassender Sanierung wieder geöffnet

Hotel Domäne Neu Gaarz 17194 Neu Gaarz
Fon 039929 70255 www.domaene-neu-gaarz.de

Grand Hotel Mercure Schloss Neustadt-Glewe Schlossfreiheit 1
19306 Neustadt-Glewe Fon 038757 53 20 www.schloss-mv.de
Schlosshotel mit Park direkt an der Elde, zwischen Ludwigslust und Schwerin. 1619 begann der Bau für das „Neue Schloß“. Sehenswert: 1.600qm Stukkaturen an Decken und Kaminen

Hotel Schloss Passow 19386 Passow am See
Fon 038731 36 50 www.traumschloesser-mv.de
Auf den Grundmauern einer alten slawischen Burg (die Rundturmfundamente sind noch heute im historischen Weinkeller zu sehen) wurde das heutige Schloss von 1839 – 1842 erweitert. Es ist ein

bedeutendes und seltenes Beispiel des reinen Klassizismus. Lichtdurchfluteter Bau mit drei großen Glaskuppeln in den Treppenhäusern und über der Eingangshalle mit Rotunde. Sie erleuchten das mit Marmor ausgelegte Entreé und die Decken- und Wandmalereien mit allegorischen Pflanzen- und Tiermotiven. See-Lage

Schloss Prebberede   17168 Prebberede
Fon 039976 509 85   www.come.to/schloss-prebberede.de
Führungen nach Anmeldung, Historisches Museum, Wechselausstellungen

Park Hotel Schloss Rattey   17349 Rattey (Vorpommern)
Fon 03968 25 50 10   www.schlossrattey.de
Ruhige Lage nur 38 km von Neubrandenburg entfert, Landschaftspark mit Weingärten, Teichen und Wasserläufen. 1802-1806 von Hans-Christoph von Oertzen erbaut und von 1996-98 restauriert, besticht das Gebäude durch seine ruhige klassizistische Formensprache. so ähnlich mögen viele Herrenhäuser der Zeit um 1800 einst ausgesehen haben. Eine Marmortafel in der Dorfkirche erinnern an Hans-Ulrich v. Oertzen, einen engen Vertrauten der Widerständler vom 20. Juli 1944, der hier einen großen Teil seiner Kindheit verbracht hat

Hotel Pension Gutshaus Neu Wendorf   18190 Sanitz
Fon 038209 340   www.gutshaus-neu-wendorf.de

Gutshaus Stolpe Hotel & Restaurant   17391 Stolpe bei Anklam
Fon 039721 55 00   www.gutshaus-stolpe.de

Schlosshotel Ralswiek   Parkstraße 35   18528 Ralswiek (Rügen)
Fon 03838 203 20   www.schlosshotel-ralswiek.de
Zentrale Lage auf der Insel Rügen, direkt am Großen Jasmunder Bodden. Sanierter Neorenaissancebau von 1893 des belgischen Architekten Henry van de Velde
Hier finden auch die Störtebeker-Festspiele auf der größten und romantischten Naturbühne Europas statt. Jedes Jahr wird vor der Kulisse des Großen Jasmunder Boddens eine neue Episode aus dem Leben Störtebekers mit mehr als hundert Komparsen, mit Schiffen und Pferden in Szene gesetzt, Fon 03838 311 00

Steigenberger Resort Hotel Rügen Gutsherrenhaus Neddesitz
Rügen   18551 Sagard
Fon 03830 295   www.ruegen.steigenberger.de

Herrenhaus Samow 17179 Samow
Fon 039971 135 05 www.herrenhaus-samow.de
Park-Hotel Schloss Schlemmin 18320 Schlemmin
Fon 038225 51 60 www.schloss-schlemmin.de
Hotel Schloss Schorssow An der Landstraße 17166 Schorssow
Fon 039933 790 www.schloss-schorssow.de
Restaurierter, klassizistischer Dreiflügelbau, erbaut 1802-1812
Gutshaus Solzow 17207 Solzow
Fon 039923 25 17 www.gutshaus-solzow.de
Mit absolut himmlischer Ruhe im eigenen Park
Hotel Gutshof Sparow 17214 Sparow
Fon 039927 76 20 www.hotel-gutshof-sparow.m-vp.de
Schlosshotel Spyker Schlossallee 18551 Spyker (Rügen)
Fon 038302 770 www.schlosshotel-spyker.de
Schlossrestaurant, spätgotisches Kellergewölbe mit Restaurant „Zum Alten Wrangel", Bier- und Kaffeegarten
Hotel Gutshaus Stellshagen Lindenstraße 1 23948 Stellshagen
Fon 038825 440 www.gutshaus-stellshagen.de
Nach baubiologischen Gesichtspunkten restauriertes Gutshaus, vegetarische Küche aus ökologischem Anbau, Naturheilpraxis
Golf- und Wellnesshotel Schloss Teschow 17166 Teschow
Fon 03996 14 00 www.schloss.teschow.de
Klassizistisches Herrenhaus mit anschließendem Schlossflügel, umgeben von 8,3 ha großem Schlosspark mit altem Baumbestand. Themenrestaurants, Sportangebote
Hotel Schloss Ulrichshusen 17194 Ulrichshusen
Fon 039953 79 00 www.gut-ulrichshusen.de
Nach dem Brand 1993 und der restaurierten Anlage entstand ein stimmungsvoller Ort der Künste. Das Hotel bietet großzügige Gästezimmer im Schloss und Bewirtung im Restaurant Am Burggraben. Direkt am See liegt das „Haus am See" mit drei großen, voll ausgestatteten Ferienwohnungen. Reiten, Segeln, Jagd in der Nähe möglich. Fragen Sie nach dem traditionellen mecklenburgischen Krebsessen, geräucherten Aaalen und Forellen, sowie selbst gebackenem Brot. Veranstaltungsort der Festspiele Mecklenburg-Vorpommern (www.festspiele-mv.de), Adventskonzerte, Weihnachtsmarkt. Badesteg, Angelsteg, Fischteiche
Schlosshotel Vanselow 17111 Vanselow
Fon 03998 280 90

Schloss Vietgest 18279 Vietgest
Fon 038452 224 34 www.hotel-schloss-vietgest.de
Gutshof Woldzegarten Hotel und Kulturscheune Walower Str. 30
17209 Woldzegarten Fon 039922 822 55
www.gutshof-woldzegarten.de

Ferienwohnungen

Jagd-Schloss Bellin 18292 Bellin bei Güstrow Fon 038458 32 20
Individuelle und exklusive Appartements, Parkanlage mit Pavillons und Teichen
Gut Dalwitz 17179 Dalwitz Fon 039972 514 40
Schloss und Park Kaarz 19412 Kaarz Fon 038483 30 80
Schloss Krönnevitz 18445 Krönnevitz Fon 04921 202 27
Schloss Lelkendorf 17168 Lelkendorf Fon 039956 200 14
Schloss Lühburg 17179 Lühburg Fon 039972 59 11 10
Rittergut Nustrow 18195 Nustrow Fon 038205 7860
Gutshaus Gross Luckow 17373 Groß Luckow (Rügen)
Fon 039752 202 90
Jagdschloss Quitzin 18513 Gut Quitzin Fon 038325 693 03
Schloss Prebberede 17186 Prebberede Fon 039976 509 85
Gut Reischvitz 18528 Reischvitz (Rügen) Fon 03838 25 16 18
Herrenhaus Blengow 18230 Rerik/Blengow Fon 038203 120 55
Herrenhaus Samow 17179 Samow Fon 039971 135 05
Familienschloss Schmuggerow 17398 Schmuggerow (Rügen)
Fon 039726 213 50

Golf- und Wellnesshotel Schloss Teschow   Gutshofallee 1
17166 Teschow   Fon 03996 140 0
Hotel Schloss Ulrichshusen   17194 Ulrichshusen
Fon 039824 203 45
Im ehemaligen Verwalterhaus stehen große Ferienwohnungen für 4 bzw. 6 Personen mit eigener Terrasse und Badesteg zur Verfügung

TAGUNGEN UND SEMINARE

Jagdschloss Bellin   18292 Bellin   Fon 038458 3220
www.jagdschloss-bellin.de
Das Haus ist für Tagungen und Seminare auch komplett zu mieten
Gut Gremmelin   Am Hofsee 33   18279 Gremmelin
Fon 038452 5110   www.gutgremmelin.de
Schloss Hasenwinkel   19417 Hasenwinkel
Fon 03847 661 40   www.tagungsschloss.de
Golf- und Wellnesshotel Schloss Teschow   Gutshofallee 1
17166 Teschow   Fon 03996 14 00   www.schloss-teschow.de

HEIRATEN IM SCHLOSS

Brautpaare sind in vielen Schlosshotels willkommen. Einige bieten sogar ein eigenes Standesamt im Hause an. Auf Burg Stargard feiern Sie – wenn Sie wollen – in mittelalterlichen Gewändern, in Vietgest pflanzen Sie einen Rosenstock und Rügen hat sogar einen informativen Prospekt dazu herausgegeben. Ob Heirat im Leuchtturm, in der Kirche Groß Zicker oder der Orangerie Putbus, es fehlt nur der Satz: „Ja, ich will". Und so heißt auch die Broschüre, die Sie bei der Tourismuszentrale Rügen (Fon 03838 8 07 70) anfordern können.

www.auf-nach-mv.de/heiraten

Hochzeit auf Schloss Hasenwinkel

Schloss Hasenwinkel
Schloss Frauenmark
Schloss Ulrichshusen
Jagdschloss Bellin
Schlosshotel Ralswiek
Burg Stargard
Gutshaus Redewisch Boltenhagen
Jagdschloss Granitz
Hotel Schloss Vietgest
Park Hotel Schloss Rattey
Hotel Schloss Vanselow
Hotel Schloss Schorssow
Golf- und Sporthotel Schloss Teschow
Landhotel Schloss Daschow
Hotel Schloss Passow
Schloss-Hotel Basthorst
Grand Hotel Mercure Schloss Neustadt-Glewe
Gutshaus Neu-Wendorf
Hotel Friedrich-Franz Palais Bad Doberan
Grand Hotel Mercure Schloss Neustadt-Glewe
Park-Hotel Schloss Schlemmin
Schloss Wedendorf

ORTSREGISTER

FOTONACHWEIS

Thomas Grundner 50/51 80/81 85 98/99 123 126 135 137 142/143 154/155 184/185 188 200/201 212/213
Marc Oliver Schulz 6/7 53 70/71 74 148/149 168/169 215 220/221 228
Holger Klaue 57 76 88 170 191 222 229
Karin Heymann 140 150 152 156 158 231 238
Caritas Mecklenburg e.V. 62
Melitta Kolberg 67 68 101
bbl-mv/Henning 95
bbl-mv/Kramer 176 177 187
Wasserschloss Gnemern/Miriam Ott 105
Staatliches Museum Schwerin/Gabriele Bröcker 112/113
Fremdenverkehrsverein Güstrow e.V./Dieter Brott 114 116 254
Tourismusverband Mecklenburg-Vorpommern 130
Gefährdetenhilfe Waren 163
Fleesensee Hotel & Sports Marketing und Service GmbH 175
TEK Bauträger GmbH 181
Stadtinformation Neustrelitz 182
Touristinfo Burg Stargard 195
Tourismuszentrale Rügen 198 203 206 208 209 260
Dana Grams/Schloss Neetzow 225 226
Peter Wulffert 233
Veranstaltungszentrum Neubrandenburg/Bernd Lasdin 256 (o)
Veranst. Neubr./Regionalmuseum Neubrandenburg 256 (u)
Hansestadt Rostock/Irma Schmidt 258
Pommersches Landesmuseum 267
Freilichtmuseum Schwerin-Mueß 269 (2)
L&H Verlag 274 284
Die Rechte folgender Fotos liegen bei den jeweiligen Häusern:
Lehsen 64 Kaarz 90 Hasenwinkel 92 93 288
Hohen Luckow 103 Bandelstorf 107 Vietgest 119
Bellin 120 121 Schlemmin 125 Tellow 132 Schorssow 139
Kittendorf 160 Klink 174 Ludorf 179 Bömitz 235

IMPRESSUM

Barnerstraße 14 D-22765 Hamburg
Fon 040 398 34 290 Fax 040 398 34 299
kontakt@LH-Verlag.de www.LH-Verlag.de

TEXTE Dieter Pocher, Güstrow
Schlossgarten Schwerin und Orangerie: Birgid Holz, Landesdenkmalamt Schwerin
Service-Teil: L&H Verlag und Tourismusämter
IDEE, KONZEPT Wolfgang Henkel, L&H Verlag
KOORDINATION, REDAKTION, LEKTORAT, GESTALTUNG
Stefan Seufert und Wolfgang Henkel, L&H Verlag
SATZ Stefan Seufert, L&H Verlag
FOTOS siehe Seite 292
KARTEN L&H Verlag, Hamburg/kontur, Berlin
ANZEIGEN Copyright für vom Verlag hergestellte Anzeigen liegt beim Verlag
PRODUKTION Druckerei zu Altenburg, Altenburg

TITELFOTOS Thomas Grundner Schloss Ulrichshusen (Titel oben), Schloss Güstrow (Titel unten)

Bibliografische Information der Deutschen Bibliothek
Die Deutsche Bibliothek verzeichnet diese Publikation in der Deutschen Nationalbibliografie; detaillierte bibliografische Daten sind im Internet über <http://dnb.ddb.de> abrufbar.

ISBN 3-928119-90-7
3. völlig überarbeitete Neuauflage 2005

Kappeln
OSTSEE
Eckernförde
Kiel
PREETZ
NEUMÜNSTER
Schleswig-
Holstein
Rostock
Wismar
LÜBECK
Güstrow
Elmshorn
Norderstedt
Sternberg
Schwerin
Pinneberg
Hamburg
BUXTEHUDE
Geesthacht
Hagenow
Parchim
Ludwigslust
Buchholz i.d.Nordheide
Lüneburg
Soltau
Wittenberge
Uelzen
Walsrode
Salzwedel
Niedersachsen
Sachsen-
Anhalt
Stenda
Celle
Gifhorn
Burgdorf
Wolfsburg
Garbsen
Hannover
Peine
Haldesleben
Burg
Braunschweig
Helmstedt
7
1
20
241
24
2